国际中文教育课程思政研究丛书
本书受北京市重点建设一流专业（来华留学生汉语言专业）项目资助

国际中文本科教育课程思政指南

主 编 张 浩

北京理工大学出版社
BEIJING INSTITUTE OF TECHNOLOGY PRESS

版权专有　侵权必究

图书在版编目（CIP）数据

国际中文本科教育课程思政指南/张浩主编. --北京：北京理工大学出版社，2023.1
ISBN 978-7-5763-2058-9

Ⅰ.①国… Ⅱ.①张… Ⅲ.①高等学校-思想政治教育-中国　Ⅳ.①G641

中国国家版本馆 CIP 数据核字（2023）第 007938 号

出版发行　/　北京理工大学出版社有限责任公司
社　　址　/　北京市海淀区中关村南大街 5 号
邮　　编　/　100081
电　　话　/　（010）68914775（总编室）
　　　　　　（010）82562903（教材售后服务热线）
　　　　　　（010）68944723（其他图书服务热线）
网　　址　/　http：//www.bitpress.com.cn
经　　销　/　全国各地新华书店
印　　刷　/　三河市华骏印务包装有限公司
开　　本　/　787 毫米×1092 毫米　1/16
印　　张　/　12　　　　　　　　　　　　　　　责任编辑　/　徐艳君
字　　数　/　248 千字　　　　　　　　　　　　文案编辑　/　徐艳君
版　　次　/　2023 年 1 月第 1 版　2023 年 1 月第 1 次印刷　　责任校对　/　周瑞红
定　　价　/　79.00 元　　　　　　　　　　　　责任印制　/　施胜娟

图书出现印装质量问题，请拨打售后服务热线，本社负责调换

前　　言

为了全面贯彻党的教育方针，落实立德树人根本任务，全国高校大力开展课程思政建设，取得了丰硕成果。来华留学生教育是我国高等院校人才培养的重要组成部分，推进课程思政建设，实施课程思政教学改革，同样是来华留学生教育工作的一项重要内容。由于文化习俗、法律制度、宗教信仰等方面的差异，面向来华留学生的课程思政教育有其特殊性，面临不少困难和挑战。目前，全国各高校对来华留学生课程思政工作高度重视，进行了大量卓有成效的探索和实践。

北京语言大学汉语学院主要承担来华留学生的汉语言专业和国际中文教育专业的本科学历教育，是新中国最早从事来华留学生汉语专业学历教育的教学机构，累计为世界170多个国家和地区培养了7000余名汉语人才，现有在校本科留学生近千名。学院拥有一支数量大、素质高，专门从事汉语言、国际中文教育本科学历教育和国际中文教育专业研究生教育的教学团队，曾经荣获"北京市优秀教学团队""国家级优秀教学团队"称号。教师们专业背景完整、教学经验丰富、科学研究能力强，专职从事汉语教学工作和语言学、文学、哲学、史学、经济学以及英语、日语、韩语等学科领域的教学和研究工作。在长期的国际中文教育教学实践中，学院一向高度重视面向国际学生的课程思政建设，立足于学院学科优势和特色，以培养知华、友华、爱华，具有国际视野和跨文化交际能力的国际汉语人才为目标，以课程思政建设推动专业建设和课程建设，紧抓教师队伍"主力军"、课程建设"主战场"、课堂教学"主渠道"，坚持以学生为中心，根据2020年教育部印发的《高等学校课程思政建设指导纲要》，针对不同专业、不同课程的特点和课程教学内容，积极组织开展课程教学大纲修订工作，明确课程思政培养目标，深入挖掘课程思政资源，优化教学内容，选择合适的教学方法，将思政元素融入专业知识课程体系，构建全员、全程、全课程的育人格局，充分发挥课堂教学育人主渠道的作用，讲好中国故事，传播好中国声音，实现知识教育、能力培养与价值引领的有机结合。经过长期不懈的探索和实践，汉语学院师生对课程思政的认识不断提升，实践逐步深入，研究持续深化，陆续打造出了一批课程思政精品示范课和课程思政教学名师。

本套丛书包括《国际中文本科教育课程思政指南》《国际中文本科教育课程思政案例》及《国际中文本科教育课程思政研究》。

《国际中文本科教育课程思政指南》阐述了国际中文教育专业课程思政的教学理念与教学原则、课程思政的八个维度及其诠释、教学评价原则与标准，收录了留学生国际中文教育专业 20 门课程的思政课程指南，包括 11 门专业类课程和 9 门文化类课程。根据国际中文教育专业的特色优势和育人目标，结合多年教学实践和积累，思政指南从课程任务和教学目标、课程基本内容及要求、课程思政教学设计等方面，为课程思政真正落实于教学提供了可资借鉴的参考。

《国际中文本科教育课程思政案例》收录了留学生国际中文教育专业 25 篇课程思政案例，涵盖了初、中、高以及专业类、语言文化类等不同层次的各类课程。这些案例结合课程特点，确立课程的思政教学目标，深度挖掘提炼课程中所蕴含的思政元素，将教学目标、情感目标、价值目标结合起来，使思想价值引领贯穿于教学过程的各个环节，具有较强的系统性和可操作性。

《国际中文本科教育课程思政研究》收录了留学生国际中文教育课程思政研究论文 21 篇，有对留学生课程思政的理论研究，也有对教学实践的探索，以及教学设计分析，对于留学生课程思政的教学理念、教学原则、路径方法等方面进行了深入探讨，对课程思政教学实践和教学设计的做法进行了总结分析，为课程思政建设的推进提供了重要的理论基础和实践经验。

本套丛书是北京语言大学汉语学院师生们几年来在国际中文教育专业教学中的有益探索，是国际学生思政课程建设的阶段成果，是在国际中文教育领域课程思政建设征程上迈出的第一步，希望可以为高校来华留学生国际中文教育专业课程思政建设工作提供参考和借鉴。

本套丛书受北京市重点建设一流专业（来华留学生汉语言专业）项目资助，是该项目的基础研究成果之一。由于编写时间仓促，书中难免有不够严谨之处，敬请广大读者批评指正，我们将在今后的教学与研究中不断加以完善，也期待抛砖引玉，同国际中文教学的各位专家学者一道继续探究来华留学生课程思政教学规律，全面推进体系化、规范化建设，将来华留学生课程思政教学引向深入。

张 浩
2022 年 9 月

目 录

上篇 绪论

第一章 "留学生国际中文教育专业"课程思政的教育理念与教学原则……004
第二章 "留学生国际中文教育专业"课程思政的八个维度及其诠释……006
第三章 "留学生国际中文教育专业"课程思政的教学评价原则与标准……011

中篇 专业类课程思政指南

第一章 "现代汉语语音"课程思政指南……017
一、课程信息……017
二、课程简介……017
三、选课建议……017
四、课程任务和教学目标……017
五、课程基本内容及要求……018
六、课程思政教学设计……019
七、作业、考核方式和成绩评定……020

第二章 "现代汉语修辞"课程思政指南……021
一、课程信息……021
二、课程简介……021
三、选课建议……021
四、课程任务和教学目标……021
五、课程基本内容及要求……022
六、课程思政教学设计……023
七、作业、考核方式和成绩评定……024
八、教学案例……025

第三章 "现代汉语词汇"课程思政指南 ········· 027
- 一、课程信息 ········· 027
- 二、课程简介 ········· 027
- 三、选课建议 ········· 027
- 四、课程任务和教学目标 ········· 027
- 五、课程基本内容及要求 ········· 028
- 六、课程思政教学设计 ········· 030
- 七、作业、考核方式和成绩评定 ········· 030

第四章 "现代汉语语法"课程思政指南 ········· 031
- 一、课程简介 ········· 031
- 二、课程目标 ········· 032
- 三、教学内容和教学方法 ········· 032
- 四、实践环节及要求 ········· 035
- 五、课程学生成绩评定 ········· 036
- 六、教学资源 ········· 036
- 七、说明 ········· 036
- 八、课程思政教案示例:"把"字句教学 ········· 036

第五章 "新闻语言基础"课程思政指南 ········· 039
- 一、课程信息 ········· 039
- 二、课程简介 ········· 039
- 三、选课建议 ········· 039
- 四、课程任务和教学目标 ········· 039
- 五、课程基本内容及要求 ········· 040
- 六、课程思政教学设计 ········· 044
- 七、作业、考核方式和成绩评定 ········· 045
- 八、教学案例 ········· 045

第六章 "汉语新闻阅读"课程思政指南 ········· 047
- 一、课程信息 ········· 047
- 二、课程简介 ········· 047
- 三、选课建议 ········· 047
- 四、课程任务和教学目标 ········· 047
- 五、课程基本内容和要求 ········· 048
- 六、课程思政教学设计 ········· 053

七、作业、考核方式和成绩评定 ································· 054
　　八、教学案例 ································· 054

第七章　"汉字概论"课程思政指南 ································· 059
　　一、课程信息 ································· 059
　　二、课程简介 ································· 059
　　三、选课建议 ································· 059
　　四、课程任务和教学目标 ································· 059
　　五、课程基本内容及要求 ································· 060
　　六、课程思政教学设计 ································· 062
　　七、作业、考核方式和成绩评定 ································· 063
　　八、教学案例 ································· 063

第八章　"语音汉字教学"课程思政指南 ································· 065
　　一、课程信息 ································· 065
　　二、课程简介 ································· 065
　　三、选课建议 ································· 065
　　四、课程任务和教学目标 ································· 065
　　五、课程基本内容及要求 ································· 066
　　六、课程思政教学设计 ································· 068
　　七、作业、考核方式和成绩评定 ································· 070
　　八、语音部分小组活动介绍并示例 ································· 070

第九章　"词汇语法教学"课程思政指南 ································· 073
　　一、课程信息 ································· 073
　　二、课程简介 ································· 073
　　三、选课建议 ································· 073
　　四、课程任务和教学目标 ································· 074
　　五、课程基本内容及要求 ································· 074
　　六、课程思政教学设计 ································· 081
　　七、作业、考核方式和成绩评定 ································· 082
　　八、教学设计示范 ································· 082

第十章　"汉语教学原理"课程思政指南 ································· 086
　　一、课程信息 ································· 086
　　二、课程简介 ································· 086
　　三、选课建议 ································· 086

四、课程任务和教学目标 …………………………………………………… 086
五、课程基本内容及要求 …………………………………………………… 087
六、课程思政教学设计（教学案例） ……………………………………… 090
七、作业、考核方式及成绩评定 …………………………………………… 091

第十一章 "汉语教学实践"课程思政指南 …………………………………… 092
一、课程信息 ………………………………………………………………… 092
二、课程简介 ………………………………………………………………… 092
三、选课建议 ………………………………………………………………… 092
四、课程任务和教学目标 …………………………………………………… 092
五、课程基本内容及要求 …………………………………………………… 093
六、课程思政教学设计 ……………………………………………………… 094
七、作业、考核方式和成绩评定 …………………………………………… 095
八、教案示例 ………………………………………………………………… 095

下篇 文化类课程思政指南

第一章 "中国文化基础"课程思政指南 …………………………………… 105
"中国文化基础"课程思政指南（上） ……………………………………… 105
一、课程信息 ………………………………………………………………… 105
二、课程简介 ………………………………………………………………… 105
三、选课建议 ………………………………………………………………… 105
四、课程任务和教学目标 …………………………………………………… 106
五、课程基本内容及要求 …………………………………………………… 106
六、课程思政教学设计 ……………………………………………………… 107
七、作业、考试方式和成绩评定 …………………………………………… 108
"中国文化基础"课程思政指南（下） ……………………………………… 109
一、课程信息 ………………………………………………………………… 109
二、课程简介 ………………………………………………………………… 109
三、选课建议 ………………………………………………………………… 109
四、课程任务和教学目标 …………………………………………………… 109
五、课程基本内容及要求 …………………………………………………… 110
六、课程思政教学设计 ……………………………………………………… 111
七、作业、考试方式和成绩评定 …………………………………………… 111

第二章 "文化专题讨论"课程思政指南 ……………………………………… 113
 一、课程信息 ……………………………………………………………… 113
 二、课程简介 ……………………………………………………………… 113
 三、选课建议 ……………………………………………………………… 113
 四、课程任务和教学目标 ………………………………………………… 113
 五、课程基本内容及要求 ………………………………………………… 114
 六、课程思政教学设计 …………………………………………………… 117
 七、作业、考核方式和成绩评定 ………………………………………… 119
 八、教案示例 ……………………………………………………………… 119
 九、教学反馈 ……………………………………………………………… 126
 十、教学总结 ……………………………………………………………… 127

第三章 "当代中国话题"课程思政指南 ……………………………………… 128
 一、课程信息 ……………………………………………………………… 128
 二、课程简介 ……………………………………………………………… 128
 三、选课建议 ……………………………………………………………… 128
 四、课程任务和教学目标 ………………………………………………… 128
 五、课程基本内容及要求 ………………………………………………… 129
 六、课程思政教学设计 …………………………………………………… 134
 七、教学案例 ……………………………………………………………… 136

第四章 "古代文学名著选读"课程思政指南 ………………………………… 147
 一、课程信息 ……………………………………………………………… 147
 二、课程简介 ……………………………………………………………… 147
 三、选课建议 ……………………………………………………………… 147
 四、课程任务和教学目标 ………………………………………………… 147
 五、课程基本内容及要求 ………………………………………………… 148
 六、课程思政教学设计 …………………………………………………… 150
 七、作业、考核方式和成绩评定 ………………………………………… 151
 八、教学案例 ……………………………………………………………… 151

第五章 "中国古代史"课程思政指南 ………………………………………… 154
 一、课程信息 ……………………………………………………………… 154
 二、课程简介 ……………………………………………………………… 154
 三、选课建议 ……………………………………………………………… 154
 四、课程任务和教学目标 ………………………………………………… 154
 五、课程基本内容及要求 ………………………………………………… 155
 六、课程思政教学设计 …………………………………………………… 157

第六章 "中国近现代史"课程思政指南 159

一、课程信息 159

二、课程简介 159

三、选课建议 159

四、课程任务和教学目标 159

五、课程基本内容及要求 160

六、课程思政教学设计 163

七、作业、考核方式和成绩评定 163

第七章 "中国哲学"课程思政指南 164

一、课程信息 164

二、课程简介 164

三、选课建议 164

四、课程任务和教学目标 164

五、课程基本内容及要求 165

六、课程思政教学设计 166

七、作业、考核方式和成绩评定 167

第八章 "中国民俗"课程思政指南 168

一、课程信息 168

二、课程简介 168

三、选课建议 168

四、课程任务和教学目标 168

五、课程基本内容及要求 169

六、课程思政教学设计 170

七、作业、考试方式和成绩评定 171

第九章 "中国国情"课程思政指南 172

一、课程信息 172

二、课程简介 172

三、选课建议 172

四、课程任务和教学目标 172

五、课程基本内容及要求 173

六、课程思政教学设计 175

七、作业、考核方式和成绩评定 176

八、教案示例 177

（前略）七、作业、考核方式和成绩评定 158

上篇
绪论

2016年，习近平总书记在全国高校思想政治工作会议上强调，"把思想政治工作贯穿教育教学全过程，开创我国高等教育事业发展新局面"，"要利用好课堂教学这个主渠道，思想政治理论课要坚持在改进中加强，提升思想政治教育亲和力和针对性，其他各门课程都要守好一段渠、种好责任田，使各类课程与政治理论课同向同行，形成协同效应。"习近平总书记的讲话为高校全面推进高校课程思政建设、落实立德树人的根本任务指明了方向和路径。在专业课程中全面深入地开展课程思政建设，围绕"培养什么人、如何培养人、为谁培养人"这一教育的根本问题，把立德树人作为中心环节，将思想政治工作贯穿至高等学校教育教学的全过程，赋予专业课程以更广阔的育人视野和更鲜明的价值引领责任，深入推动专业教育与思政教育紧密融合，是新时代广大高校教师的重要使命。党中央、国务院、教育部也相继颁发了系列相关文件，为落实立德树人根本任务、推进新时代教育教学改革提出了指导意见和实施要求。

来华留学生教育是我国高等院校人才培养的重要组成部分。实施课程思政教学改革，构建来华留学生课程育人质量提升体系，提高人才培养质量，同样是当前来华留学生教育工作的重点。新时期以来，我国大力发展来华留学生教育，这是我国教育领域不断扩大开放，推进同世界各国之间人文交流的客观要求，同时也是展示国家软实力、提高国际影响力的必然选择。教育部在"来华留学生人才培养目标"中明确指出，来华留学生应理解中国社会主流价值观和公共道德观念。2020年教育部印发《高等学校课程思政建设指导纲要》，明确要求在所有高校、所有学科专业全面推进课程思政建设，同时对课程思政建设的目标要求、内容重点、结合专业特点分类推进等进行了细化和指导。

"立德树人"作为教育的一种综合理念，是检验高校工作的根本标准，不仅适用于中国学生，也适用于来华留学生。来华留学生教育虽然有其特殊性，但同样肩负着"立德树人"的根本任务，全员、全程、全课程的育人格局没有变。在留学生培养的全过程中，在专业教学中，要坚持知识传授、能力培养与价值引领相结合，一方面，要通过课程学习和技能训练让留学生获得扎实丰富的专业知识以及语言交际等能力；另一方面，还要让留学生了解并理解中国的传统文化和现当代中国国情和发展状况，用潜移默化的方式对留学生的意志品质、心理健康等方面产生积极、正面、有效的引导和促进作用，实现知华、友华且学有所成的教育教学目标。

由于来华留学生文化背景不同，以往在对留学生的国际中文教学中，较为注重语言知识的传授和专业技能的培养，对于思政方面的关注和研究较少，课程思政建设相对薄弱，课程思政教育教学缺乏系统性和规范性。如何在留学生培养中，建立健全课程思政建设的体制机制，使专业能力培养和认知能力提升协同并进，构建全员全程全方位育人大格局，是高校留学生课程思政教育研究的重要课题。

第一章 "留学生国际中文教育专业"课程思政的教育理念与教学原则

实施来华留学生课程思政是依据全国教育大会精神，落实立德树人根本任务，全面贯彻党的教育方针，服务中国总体外交大局的必然要求。国际中文教育作为我国高校教育的重要组成部分，是向留学生展示中国教育和中国形象的平台；也应紧紧围绕"培养什么样的人、如何培养人以及为谁培养人"这一根本问题，开展来华留学在教育和课程思政；在留学生的"拔节孕穗期"加强引导，培养一批"知华、友华、爱华"、专业扎实且具备卓越汉语言能力与人文素养的复合型优秀国际人才。

课程思政是一种综合教育理念，在以"立德树人"作为教育根本任务的前提下，要求在各类课程有目的、有计划地将思政内容有机融入整个教学过程中，构建起全员、全程、全课程育人的格局，使每门课程与思想政治理论课同向同行，形成协同效应。课程思政强调实现知识传授、价值塑造和能力培养的多元统一，但以往受到各种因素的影响，在教学中三者常常被割裂开来，各自为政；因此从某种意义上来说，实施课程思政恰好达到使这三者重新统一的目的。在国际中文教育教学中，不仅要让留学生掌握流利的汉语，提高汉语交际能力，还应该思考如何更好地将课堂打造成讲好中国故事、传播好中国声音的渠道，充分利用好留学生这一连接中外的桥梁，向世界展示更加立体、更加真实、更加全面的中国。

来华留学生国际中文教育面对的情况与中国学生有所不同，如果照搬面向中国学生的课程思政呈现形式，往往达不到预期的效果。因此，在课程思政的建设过程中，必须坚持适合本专业特点和要求的教学原则。

一、因材施教与循序渐进原则

国际中文教育专业的来华留学生大多是成人，具有不同的文化背景和成长环境，在母语国已经完成系统的义务教育，建构起了一套自己的人生观和价值观体系。作为第二语言学习者，他们的语言水平也各不相同。因此，对留学生的课程思政教学必须遵循教育对象的个体化和差异性原则，结合多种文化背景，充分尊重留学生的个人信仰和文化习俗，因材施教，差异化对待，在存异的基础上求同。来华留学生本科课程是面向不同语言水平的学习对象开设的，必须按照课程标准顺序进行教学，在课程思政内容方面也须按照留学生的认识顺序由浅入深、由表及里地进行教学。低年级的留学生汉语水平较低，课程思政教学的重点在于帮助他们了解真实的中国国情并快速适应在华生活。高年级的留学生，经过系统汉语和专业学习，汉语水平普遍提高，对中国社会和文化也有了一定程度的了解，往往不再满足于单纯汉语和专业知识的学习，渴望更全面地了解当代中国社会、经济、政治、文化、教育等方方面面的情况，以便将来从事与中国相关的工作。这一阶段的课程思政教学，不但要帮助留学生全面了解中国国情、制度政策和社会的发展变化，而且要引导留学生结合自身的文化背景和经历，寻找不同文化中共同的逻辑，从国际视角理解中国发展背后的深层逻辑，站在人类命运共同体的立场去分析和探讨相关问题，从而实现由学习语言技能到传播中华文化的重要转变。

二、显性与隐性教育相结合的原则

教育部 2020 年的《高等学校课程思政建设指导纲要》（以下简称《指导纲要》）中提出，要全面推进课程思政建设，各类课程应以隐性的教育方式与思政课的显性教育方式同向同行。"所谓显性的思想政治教育是通过相对直接的多种形式的价值观影响，外化为人的行为，达到对人的思想意识的影响。隐性的思想政治教育，则对价值观的输出更加隐秘合理，对学生进行的思想政治教育更加容易被接受。"[①] 与单独的思政课不同，课程思政的方法是显隐结合，思政元素以隐性的形式渗透在专业课程中，课程中所蕴含的思政元素与该课程固有的知识和技能有机融合，通过课堂教学由隐而显，达到润物无声的效果。国际中文教育专业的课程以专业知识和语言文化类课程为主，价值塑造应当融入教学知识传授和能力培养过程中，使留学生在理解的基础上，进一步加深对中华文化的理解和认同，从而实现立德树人的教学目的，切忌生硬地向留学生灌输道理。例如，在口语课的教学过程中，教师就可以选取贴近留学生生活的话题，如做客、旅行、购物、求职、面试等主题，引导留学生结合自身的经历积极思考，展开讨论。以面试为例，无论是入学面试还是求职面试，都需要事先做好准备，衣着大方得体，不能迟到；面试时态度谦和，注意语速，声音不宜过大或过小。在中国民俗课上，介绍中国称谓与打招呼、拜访与迎送习俗时，通过中外文化对比，使留学生了解中外社交礼俗的异同点，掌握中国人的礼貌原则和汉语中常用的委婉表达方式，并深入思考中国尊老爱幼等观念及其背后的文化背景和价值观。在中国文化基础课上，教师在介绍中国传统节日时，将中国"七夕"和西方"情人节"进行对比，将中国"春节"和西方"圣诞节"进行对比，引导留学生挖掘中西文化习俗相同和不同之处，并深入思考其背后的文化背景和价值观差异，寻找不同文化中的共同逻辑，架设不同文明互学互鉴的桥梁，更好地实现将留学生培养成知华、友华、爱华的高层次国际人才的目标。

三、创新性原则

在全国高校思想政治工作会议上，习近平总书记提出了提高学生思想政治素质的明确要求，即"四个正确认识"，其要义在于用正确的立场、观点和方法分析问题，养成历史思维、辩证思维、系统思维和创新思维。课程思政所展现的正是一种创新思维，尤其是对于来华留学生的课程思政，这是以往思想政治教育所未曾涉足的全新领域。在来华留学生国际中文教育专业的语言文化类和专业类课程教学中融入思政内容，更需要创新思维。疫

[①] 丁文阁. 中外学生趋同化管理中思想政治教育主导性的强化路径 [J]. 北京教育（德育），2020（6）：25-28.

情以来，国际中文教育专业大量采用线上教学和线上线下混合教学的方式，充分利用现代教育信息技术，完善教学设计，融入先进的教学理念和思想，以加强价值引领和着重培养学生创新意识和实践能力为目标，构建了基于网络课程资源和智慧化教育的教学平台，推进现代信息技术在课程思政教学中的应用。国际中文教育专业的创新原则，不仅体现于创新平台的搭建，也体现于教学方法的创新。无论是专业课还是语言文化课的教学，都强调以学生素质教育和能力培养为中心，采用启发式讲授、互动式交流、探究式讨论等多样融合的思政教学方法。在师生共同参与、问题导向、理性探究、情感体验、多维感知的课堂教学中，充分发挥学生的主体地位，使留学生在潜移默化中自然接受中华优秀文化的熏陶与教育。

四、理论与实践相结合的原则

课堂教学是课程思政建设的出发点和落脚点，要抓住课堂教学"主渠道"，将课程思政融入课堂教学过程，同时第二课堂的地位与作用也不容忽视。2021年6月，习近平总书记在给北京大学留学生的回信中提出："中国有句俗语：百闻不如一见。欢迎你们多到中国各地走走看看，更加深入地了解真实的中国，同时把你们的想法和体会介绍给更多的人，为促进各国人民民心相通发挥积极作用。"① 课程思政的内容并不仅仅局限于课堂教学过程，一定要充分利用好第二课堂，促进课堂内外联动，实现全方位育人目标。理论知识抽象难懂，往往通过亲身体验与尝试，更易理解和掌握。对于来华留学生，在教育中贯彻理论与实践互相结合的原则尤为重要。除了课堂教学，还要多创造机会，积极引导留学生参与社会实践，融入中国社会，近距离感受中国的变化发展，在切身体验中加深对于中国社会的了解。如组织留学生语言实践活动，通过亲身实践来进一步了解中国社会现状和中国历史文化内涵，感受中国日新月异的发展变化，从而获得对中国社会和文化更加深入透彻的理解，提升对中国的认同度。疫情期间，组织云游北京、中秋制作月饼、汉语教学实践大赛、英汉笔译大赛、影视剧配音大赛等多种形式的实践活动和学科竞赛，将课程思政的内容通过柔性的方式传递给留学生，在理论与实践相结合的过程中实现育人的"知行合一"。

第二章 "留学生国际中文教育专业"课程思政的八个维度及其诠释

课程思政内容是课程思政建设的核心。不同学科和专业，必须结合本学科和专业的人才培养目标和要求，深入挖掘提炼专业知识体系中所蕴含的思想价值和精神内涵，确定课程思政的内容。2018年教育部颁布的《来华留学生高等教育质量规范（试行）》（以下简称《质量规范》），在第一部分"人才培养目标"中明确指出，来华留学生除了应具备一定的学科专业水平和语言能力外，还应熟悉中国历史、地理、社会、经济等中国国情和文

---

① http://news.cnr.cn/native/gd/20210622/t20210622_525518664.shtml.

化基本知识，了解中国政治制度和外交政策，理解中国社会主流价值观和公共道德观念，形成良好的法治观念和道德意识；具备跨文化和全球胜任力，来华留学生应当具备包容、认知和适应文化多样性的意识、知识、态度和技能，能够在不同民族、社会和国家之间的相互尊重、理解和团结中发挥作用。本科层次来华留学生应当在本专业领域中具有一定的国际视野，能够在多个国家的实际环境中运用专业知识和技能，并具备参与国际交流与合作的初步能力。《质量规范》为来华留学生的课程思政教学内容指明了方向，划定了范围。

国际中文教育专业的培养目标是培养具备较为系统的汉语言知识及扎实的汉语言交际能力，具备从事汉语教学的能力及从事中国文化交流与传播能力的汉语人才。结合教育部《质量规范》提出的留学生人才培养目标，来华留学生国际中文教育专业的课程思政教学应该涵盖以下八个维度的内容。

一、语言知识与技能的语言维度

对于来华留学生的语言能力，《质量规范》在入学标准和人才培养目标中都给出了明确要求。作为以中文为专业教学语言的国际中文教育专业，汉语是来华留学生在中国学习、同中国人交往以及未来从事国际中文教育工作所必备的基本技能。汉语综合课作为必修课程贯穿国际中文教育专业一到四年级本科教学全过程，凸显以养成语言能力为主的专业发展理念。尤其是在低年级阶段（一、二年级），主要以汉语言学习为主，开设课程包括汉语综合、听力、口语、阅读、写作、汉字读写、现代汉语语音、汉字概论、新闻语言基础、中国文化基础等，侧重于从听、说、读、写四方面切实提升留学生的汉语水平。语言是文化的载体，在语言知识和技能的学习过程中，必然渗透着语言的文化知识与价值观念，有利于课程思政内容的融入。在汉语课程中推行课程思政，应根据留学生的语言水平，将思政素材适时、合理地融入教材和教学之中，使之同知识传授和技能训练的目标同向同行。例如，初中高级汉语综合以及听说读写课程的每一单元，均会涉及家庭、爱情、职场、教育、环境保护等主题。在教学过程中，教师在课前热身、话题导入、课文讲授、课堂讨论、课外延伸等环节，均可将中国特色的注重家庭家风家教、尊老爱幼、诚实守信、爱岗敬业、尊师重教、生态文明等价值观念有机融入，在培养留学生的语言能力和跨文化交际能力的同时，深化对中国社会与文化的理解和认同，从而实现知识传授、价值塑造和能力培养的多元统一。

二、体现中国优秀传统的文化维度

优秀的传统文化是来华留学生课程思政的重要内容，对于实现国际中文教育专业的培养目标以及完成立德树人的根本任务具有特别的作用和价值。以习近平同志为核心的党中央高度重视中华优秀传统文化的历史传承和创新发展。在党的十九大报告中，习近平总书记指出："要深入挖掘中华优秀传统文化蕴含的思想观念、人文精神、道德规范，结合时代要求继承创新，让中华文化展现出永久魅力和时代风采。"习近平总书记的一系列重要论述，为传承和创新发展中华优秀传统文化指引了方向。以文化维度阐发专业课程思政，必须"要处理好继承和创造性发展的关系，重点做好创造性转化和创新性发展"。在课程思政教学中，必须充分考虑到不同课程的特点，选取贴合课程与留学生实际的优秀文化事例来进行教学，重点关注优秀传统文化所蕴含的价值取向与精神信仰。中国文化基础是为二年级留学生开设的一门文化选修课，课程将文化知识、文化理解与课程思政相结合，遵循以学生为中心、以教师为主导的教学原则，为留学生讲述中华优秀传统文化，尤其是它对当代中国的现实意义与精神内涵。课程包括上下两学期，上学期主要学习《长城》《太极拳》《京剧》《中国龙》《中国画》《孔子》《中国人的姓名》《春节》《北京城》《黄河、长江与中华文明》等中国文化中最具代表性的内容，旨在帮助学生了解中国文化的基本面貌，感受中国文化的悠久历史与独特魅力。下学期学习中国古代神话、唐诗宋词赏析、中国民间传说、中国古代建筑、中国民间音乐、中国茶文化、中国医药文化和中国古代教育等专题内容，通过十六篇课文帮助学生从中国文学、艺术、生活、教育等方面了解中国文化的独特性与多样性，引导留学生理解中国文化的基本精神以及文化符号的象征意义；与此同时，通过中外文化对比加深留学生对人类文化共性和差异性的认知与理解，促进文明交流互鉴。

三、展示中国优秀文学艺术的文艺维度

习近平总书记指出："国际社会对中国的关注度越来越高，他们想了解中国，想知道中国的世界观、人生观、价值观，想知道中国人对自然、对世界、对历史、对未来的看法，想知道中国人的喜怒哀乐，想知道中国历史传承、风俗习惯、民族特征，等等。这些光靠正规的新闻发布、官方介绍是远远不够的，靠外国民众来中国亲自了解、亲身感受是有限的。而文艺是最好的交流方式，在这方面可以发挥不可替代的作用，一部小说、一篇散文、一首诗、一幅画、一张照片、一部电影、一部电视剧、一曲音乐，都能给外国人了解中国提供一个独特的视角，都能以各自的魅力去吸引人、感染人、打动人。……要讲好中国故事、传播好中国声音、阐发中国精神、展现中国风貌，让外国民众通过欣赏中国作家艺术家的作品来深化对中国的认识、增进对中国的了解。"来华留学生国际中文教育专业开设了中国文学史、小说选读、古代文学名著选读、中国艺术史等课程，在纵向梳理文学史、艺术史的基础上，对经典文学艺术作品进行文本细读，有助于留学生加深对中国文学艺术的深刻内涵及所体现出的民族精神的理解。高级汉语综合课，将鲁迅、老舍等文学大师笔下的《药》《阿Q正传》《茶馆》等作品编入课文。通过学习，留学生既能够学习作家严密的逻辑思维、严谨连贯的篇章结构与丰富多样的语言表达，也能够深入了解上个世纪初中国的社会现状，深刻理解资产阶级民主革命的局限性与无产阶级革命的必然性与必要性，还能够深刻体会作者对祖国的深深热爱与对祖国未来充满信心的乐观主义精神。

四、中国国情和社会的现实维度

在新时代背景下，我们一方面要向留学生介绍中国悠久的历史和优秀的传统文化；另

一方面，更要让留学生了解现当代的中国国情与社会，尤其是中国全面建设小康社会、经济发展、教育改革、文化繁荣、环境保护等各方面取得的成就。如中国国情课程将中国国情知识学习与课程思政相结合，通过理论与案例结合的方法介绍中国的发展条件、政治制度、经济发展和社会生活各个方面，使留学生获得关于当代中国发展的基本知识，了解中国国家整体概况、中国治国理念的基本内涵、中国经济的发展现状、人民的生活方式和思维方式的转变等，从而正确理解中国社会和中国道路。由于中国经济的崛起，越来越多的留学生迫切需要了解中国经济的现实状况，当代中国经济课程就是这样一门为留学生介绍中国经济发展状况的课程。通过教学，使留学生了解当代中国经济运行的原理和规律，深刻认识中国经济改革和发展的内在逻辑和趋势，为他们今后从事相关工作及进一步了解、研究中国经济情况打基础；同时，使留学生了解中国经济发展对促进世界经济发展的巨大贡献，认可中国的可持续发展已成为保持世界经济稳定和繁荣的核心力量，以及中国经济发展的成功和经验对人类文明发展的重大意义。

五、与社会事件相结合的热点维度

2016 年，习近平总书记在全国高校思想政治工作会议上强调，高校教师应"坚持潜心问道和关注社会相统一"①，这不仅仅是对思政课教师的要求，也为课程思政建设指明了方向。课程思政的目的是让留学生了解中国国情与社会，因此在留学生国际中文教育课程思政教学中，紧密结合中国新时代发展大势，结合中国时政热点引发讨论，让留学生实时了解中国发展动态，把真实的、现实的中国展示给留学生。比如，商务汉语综合课程以一带一路、气候变化和生态环境等问题为话题，引导留学生开展讨论，使留学生了解"一带一路"的意义，了解中国的生态文明观和中国在环境保护、绿色发展方面的决心，了解中国在构建人类命运共同体过程的努力和担当。当代中国经济课程收录了一系列中国经济发展的热点问题，包括居民收入和消费、人口和就业问题、区域经济发展问题，将全面实现小康社会、精准扶贫、"一带一路"等经济发展和成就融入课堂，使留学生认识到中国经济发展不仅为改善中国民生问题、实现贫困人口全面脱贫、建设小康社会发挥了保障作用，也为全球经济提供了在消除贫困、拉动就业、稳定增长方面的示范作用，中国的资源、劳动、产品甚至是工业化进程都不断地给全球经济的持续发展输送了强劲的增长动力。新冠肺炎疫情以来所展示的中国力量、中国速度和中国精神，使疫情防控工作成为课程思政的鲜活教材。中国文化基础课程在讲到世界文化遗产"长城"时，结合中国上下"众志成城"抗击疫情的生动事例，深刻阐述它背后所蕴含的英勇无畏、坚持不懈的精神实质，让留学生感知中国文化的同时感受中国力量。中国哲学课程在讲到儒家"仁者爱人"的观念时，联系中国当前抗击新冠疫情的工作，结合医务人员和志愿者无私奉献的故

---

① 《习近平在全国高校思想政治工作会议上强调 把思想政治工作贯穿教育教学全过程 开创我国高等教育事业发展新局面》，人民日报，2016 年 12 月 9 日。

事,展现中国在抗疫中的大国担当,提升留学生对中国文化和价值观念的理解和认同。

六、教师职业操守的师德维度

教育部《指导纲要》将"深化职业理想和职业道德教育"列为课程思政建设目标和内容重点,要求教育引导学生深刻理解并自觉实践各行业的职业精神和职业规范,增强职业责任感。国际中文教育专业是兼跨中国语言文学和教育学的特色交叉学科,培养目标是培养具备汉语教学能力及中国文化交流与传播能力的汉语人才。从事中文教学将成为不少本专业毕业生未来的职业选择,因此,教师职业理想和职业道德教育是留学生国际中文教育专业课程思政的重要内容之一,要在课程相关章节中有机融入职业精神和职业规范,增强职业责任感。教师作为课程教学的第一责任人,是开展课程思政建设的直接主体,教师的言传身教是课程思政最见成效的方式。课程思政反映了课程建设的核心从教学转向教育,教师传授文化知识的同时,也在塑造着学生的品格。习近平总书记在全国高校思想政治工作会议上强调高校教师要坚持教书和育人相统一,坚持言传和身教相统一,做到以德立身、以德立学、以德施教。一名优秀的教师不仅传授书本知识,还应该集"知、仁、勇"于一身,成为塑造学生品格、品行、品位的"大先生"。国际中文教育专业的教师面对来自世界各国的留学生,是留学生在中国接触最多的人群,不仅是语言知识和文化知识的传播者,更是中国形象的展示者、健全人格的塑造者和价值观的引导者。教师在日常教学活动中所展现出来的精神面貌、人生态度、价值观念和师德师风,都会给留学生留下深刻印象,产生潜移默化的影响。因此,教师不仅要具备扎实的学识,更要具有较高的道德品格,成为学生成长的引路人。

七、中国法律法规的法治维度

教育部《指导纲要》中指出,深入开展宪法法治教育是课程思政建设的目标要求和内容重点。随着来华留学生规模不断扩大,留学生的法治教育问题日益受到社会关注,留学生法治教育的必要性不容忽视。2017 年,教育部、外交部、公安部联合制定了《学校招收和培养国际学生管理办法》(以下简称《办法》),其第四章"校内管理"第二十五条明确:"高等学校应当对国际学生开展中国法律法规、校纪校规、国情校情、中华优秀传统文化和风俗习惯等方面内容的教育,帮助其尽快熟悉和适应学习、生活环境。"[①] 2018 年,教育部印发的《质量规范》明确指出:"高等学校应当在入学和日常教育中有计划地对来华留学生进行中国法律法规、校规校纪和安全教育;应当及时向来华留学生提供安全信息,预防违法犯罪,防范不法侵害。[②]" 2020 年 6 月《教育部等八部门关于加快和扩大新时代教育对外开放的意见》提出做强"留学中国"品牌,并在具体任务中提出要加强来华

---

① http://www.moe.gov.cn/srcsite/A02/s5911/moe_621/201705/t20170516_304735.html.
② http://www.moe.gov.cn/srcsite/A20/moe_850/201810/t20181012_351302.html.

留学生法律法规教育。国内高校在对留学生进行入学教育时，都会作签证、移民政策等相关法律规定的说明。但除了法学专业，留学生对中国的法律法规的学习十分匮乏，因此应建立全面系统的留学生法治教育体系，将法治教育课程作为留学生必修科目，并设置相应学分。目前，国际中文教育专业涉及中国法律法规的课程仅有"中国经济法"一门选修课，因此，应将法律法规教育作为留学生教育的重要组成部分，渗透于各类课程和教学实践活动中，引导来华留学生遵守中国法律法规、校规校纪，增强法律意识。

八、中国世界观和思维方式的哲学维度

教育部《指导纲要》中提出，课程思政建设的目标要求之一，就是坚定中国特色社会主义道路自信、理论自信、制度自信、文化自信。理论自信最终还是要落到世界观和方法论上。中国人的世界观根植于五千年的文明传承，中华文明对世界的贡献，体现在世界观的贡献、方法论的贡献、思维方式的贡献；中国的理论，不仅对中国社会有意义，对整个世界都是有价值的。因此，习近平总书记指出："中国共产党人和中国人民完全有信心为人类对更好社会制度的探索提供中国方案。"中国哲学课程是国际中文教育专业的选修课，系统介绍了中国古代哲学家如孔子、孟子、老子、庄子、韩非子等先秦诸子百家的思想，汉代以后的儒教文明及其对东亚传统文化的影响，宋明理学对中国近代文化的影响，以及近代马克思主义哲学的传入及其对中国现代文化的意义。通过教学，使留学生在学习中国哲学知识的同时，了解中国人的思维方式和世界观。由于特殊的经济、政治等因素，中国哲学在具体的研究方式、表达方式、思维习惯和基本态度上都与西方哲学具有不同的特点，表现出强烈的中国特色。与西方哲学注重抽象的逻辑推理不同，中国哲学是中国的历史、文化、现实和思维的依据，是中国传统文化的生命之根。中国哲学课程从了解中国人自古以来的诚实守信理念、中国古代哲人的社会责任感与文化修养、中国人的和平理念以及依法治国理念四个维度构建中国哲学课程思政教学大纲，将课程知识与课程思政元素一一对应、有机融合。了解这些内容不仅有助于留学生形成对中国哲学的正确认识，更有助于在两种哲学的对比中正确认识二者的优势和劣势，为各自所面临的问题寻找突破口。除了中国哲学课程，在国际中文教育其他课程的教学中，也应有意识地用哲学原理指导专业学习，引导留学生运用哲学思维发现问题并解决问题。

第三章 "留学生国际中文教育专业"课程思政的教学评价原则与标准

教学评价是对教学工作质量所做的测量、分析和评定。作为教学体系不可或缺的有机组成部分，教学评价承担着控制监督教学过程、把控教学质量、评判教学效果、推动教学改革等重要职能，历来为广大教师和教学管理部门所高度重视。在新时代课程思政教育改革的背景下，科学、有效的教学评价对于课程思政的建设具有重要的导向作用。然而，目

前对于课程思政教学的评价，尤其是对来华留学生的课程思政还缺少深入的研究和统一的标准，建立合理的、具备较强的可操作性的课程思政教学评价标准，已经成为一项重要而紧迫的任务。

一、来华留学生国际中文教育专业课程思政的教学评价原则

教育部在《指导纲要》中明确指出，要结合专业特点分类推进课程思政建设。在对课程思政的教学评价方面，不同专业的课程也应结合自身的特点和要求，制定相应的标准。

（一）多元化原则

课程思政的教学目标，既包含了一般专业课的知识、能力、技能等教学目标，也包含了思政教学目标。因此，对思政教学效果的评价既包含学生对专业知识与技能的掌握情况，也应包括对思政教学的效果评价。与单纯的知识与技能的评价不同，课程思政的教学评价标准很难统一，应采取灵活、多样的方式进行，多维度、多视角考查学生在学习和思想方面的变化。教师作为评价主体，可以通过观察、分析学生课堂表现等了解学生的想法和思想动态，还可以课后以问卷调查、访谈等形式适时与学生进行沟通和思想交流，也可通过学科竞赛、演讲比赛、辩论比赛等了解学生的思想情况，对教学效果进行评价。

（二）融合性原则

融合性是课程思政的一个重要特点——知识传授、价值塑造和能力培养相融合，思政元素与专业课程教学内容、教学环节相融合。在教学中，需要挖掘提炼专业课程中思政元素，并将其自然、有机地融入专业课程教学之中，达到润物细无声的效果，使学生易于接受、乐于接受，这是课程思政顺利开展、取得成效的重要保障。因此，在建构课程思政的教学评价标准时，一定要关注思政元素与教学内容、教学环节的融合情况。

（三）过程性原则

课程思政覆盖教育教学全过程，贯穿于课堂授课、研讨、作业、论文等各个环节。因此，在对课程思政进行教学评价时，必须关注教育教学全过程。过去在教学中，往往以终结性的评价体系为主导，将测验和考试成绩作为评估学生学习效果和教师教学效果的重要依据。这种评价方式具有量化的优势，劣势是评价主体单一性、重知识轻能力。课程思政教学的效果却很难通过一次或几次的测验考试来检验，更无法用量化的分数来衡量，必须加大过程性评价所占的比重，从注重考试结果评价转变为注重过程评价，采取过程考核和结果考核相结合的办法更全面、更客观地反映出学生的学习效果和课程的教学效果。

（四）发展性原则

课程思政教育的教学理念，是为适应新时代国家战略和教育发展需要而提出的，这就

决定了课程思政教学要适应社会日新月异的发展变化,在教学目标、内容、方法等各方面与时俱进。与之相应,教学评价也从要发展的角度,在教学实践和探索过程中不断加以调整和完善。

二、留学生国际中文教育课程思政的教学评价标准

为全面推进课程思政建设,发挥每门课程的育人作用,把人才培养效果作为课程思政建设评价的首要标准,提高人才培养质量,结合来华留学生国际中文教育专业的特点,制定本专业课程思政的教学评价标准。

(一) 教学目标

(1) 符合专业人才培养要求,体现专业人才培养特色,目标描述清晰、具体。

(2) 有明确的课程思政教学目标,坚持价值塑造、能力培养和知识传授的有机统一,注重对学生理想信念、道德品德、综合素养等的培养。

(二) 课程教学

1. 教学设计

教师根据课程教学目标,深入梳理课程教学内容,结合不同课程特点,将思想政治教育融入课程教学,贯穿到教学研究与人才培养全过程。明确章节中课程思政教学设计,整体教学设计科学、合理,思政元素有机融入课程教学。

2. 教学资源

教材选用严格规范,坚持正确政治方向和价值导向。能够为学生搭建课外学习平台,引导学生进行自主学习和自主评价。

3. 教学内容

能在课程教学中灵活运用思想政治理论组织教学内容,结合专业知识教育,引导学生形成正确的世界观、人生观、价值观。课程有详尽的课程思政教学大纲、教案。专业教学内容具备科学性、系统性,教学内容充实,信息量大,能反映或联系学科发展的新成果。

4. 教学过程

能将课程思政元素自然、有机融入专业教学内容,知识传授、素质提升与思想政治教育紧密结合,使学生易于接受、乐于接受。教学环节时间分配合理,各教学环节衔接自然、环环相扣。教师讲授条理清晰、深入浅出,富有感染力、教育性和实效性,能充分发挥课程的思想政治教育功能。

5. 教学方法

能根据学科专业特点和教学内容,因材施教。教学方法灵活、多样、有效、有创意,达到润物无声的育人效果。注重以学生能力培养为中心,注重启发式讲授、互动式交流、探究式讨论。合理运用现代信息技术,多媒体(含教具)等运用得当、有效,课件重点突

出、层次分明。

6. 教学管理

教师教学指令清楚、明确，课堂用语简练、生动、清晰。课堂控制和应变能力强，能够及时有效地处理课堂问题，课堂纪律严格，课堂秩序良好，课堂气氛活跃。

7. 教学效果

课程德育功能突出，感染力强，效果明显，能充分激发学生的认同感。学生能够理解和掌握课程中的思政元素，做到活学活用。学生认真听课、积极思考、参与度高，师生互动好。达到教学目标：学生掌握所教内容，教学效果好；督导评价优秀，同行认可度高；学生学习满意度高，评教效果好。

8. 教学考核

能将思想政治教育元素列入课程考核知识点，落实到课堂讨论、课后作业、论文中。能创新课程考核评价方式，结合案例分析、情景设计、论述问答、期末考核等方式，对课程的思想政治教育目标进行科学有效的考核。

（三）教师团队

（1）课程负责人及任课教师应具备良好的师德师风，政治立场坚定，具有良好的专业素养、科学精神、人文关怀和马克思主义理论功底，善于提炼专业课程蕴含的育人元素。

（2）教育理念先进，潜心教学研究与改革，理论功底扎实、教学内容熟悉，教学经验丰富、教学成果突出。

（3）团队成员结构合理，具备较强的课程思政意识和能力，积极参与课程思政教学改革。

（4）搭建课程思政建设交流平台，开展经常性的典型经验交流、现场教学观摩等活动。

留学生国际中文教育专业课程思政工作开展以来，学院立足专业优势，聚焦国际中文特色领域，以立德树人为根本，以教育教学改革为引领，以课程建设为根基，以教材建设为支撑，全方位推进实施国际学生课程思政工作的规范化建设，切实发挥好每门课程的育人作用，取得了一定的成效。课程思政是一项系统化、持久性的工程。下一步，学院将进一步强化顶层设计，积极主动地探索新时代思政课程的建设方法，拓展课程思政建设的途径，在教育教学改革、课程、教材、实践教学等维度，继续推进课程思政工作高质量开展，有针对性地提升育人能力和育人实效，为培养知华友华爱华的新时代国际高端人才而不懈努力。

中篇 专业类课程思政指南

第一章 "现代汉语语音"课程思政指南

一、课程信息

课程学分：2
面向专业：不分专业
课程性质：选修课
使用教材：曹文，《汉语语音教程》，北京语言大学出版社，2022年版
辅助教材：无
先修课程：无
并修课程：无
后续课程：现代汉字概论

二、课程简介

现代汉语语音课程主要介绍汉语普通话的基本音系，包括声母、韵母、声调、轻声儿化等四个部分。学生在了解汉语普通话声韵调发音特点的基础上，采用一些有针对性的练习方法，提高自己的汉语发音水平。

三、选课建议

该课程为二年级第一学期的一门选修课，建议对汉语发音知识感兴趣并希望提高自己汉语发音水平的学生选修。

四、课程任务和教学目标

（一）思政目标

深入挖掘现代汉语语音课程中包含的思政教育元素，在教学过程中重视发音练习材料的选择，帮助学生了解中国古代及近现代的一些诗歌，了解当代影视剧的精彩对白。通过诗歌和影视剧等语言材料的练习，学生可以对中国几千年来的灿烂文化以及闪耀着民族智慧的经典篇章增进了解。

（二）教学目标

二语学习者的发音面貌不但决定着他们的目的语交际是否顺利，而且会对他们学习汉

语的信心产生影响：良好的发音会提升学习者的自信，而糟糕的发音可能会使学习者降低学习兴趣，甚至放弃更高层级的学习。本课程开设的目的在于通过对汉语普通话基本语音知识的介绍，帮助学生了解汉语声韵调的发音特点，提高他们的汉语发音水平。通过本课程的学习，学生能够：①了解21个辅音声母的发音部位和发音方法，并用于改善自己的声母发音；②了解38个韵母的四呼和结构类别，并用于改善自己的韵母发音；③了解四个声调的五度调值和发音特点，并用于改善自己的声调发音；④了解轻声和儿化的用处和发音特点，能够正确运用轻声和儿化。

五、课程基本内容及要求

现代汉语语音课程从"精选素材""生动讲解""朗读之美"等三个维度构建思政教学大纲，将课程知识点与课程思政元素一一对应、有机融合。

知识单元		知识点		课程思政的教学知识点
序号	描述	描述	要求	
1	课程介绍	讨论发音的重要性；语音学习和发音练习的方法；朗读练习：《静夜思》（唐）李白	理解	汉语是声调语言，学会感受汉语的韵律美
2	声音四要素	音色、音高、音长、音强；朗读练习：《雨巷》（节选）（现代）戴望舒	了解	欣赏现代诗歌《雨巷》的意境
3	语音的生理属性	口腔舌位图；发音器官名称；朗读练习：《哪吒之魔童降世》片段	了解	了解中国当代动画片的优秀之作，了解中国传说人物哪吒的"我命由我不由天"的反抗精神
4	国际音标和元音	国际音标；元音的舌位和唇形；朗读练习：《咏鹅》（唐）骆宾王	掌握	《咏鹅》为骆宾王七岁时所做，描绘了一幅儿童眼中的美好画面
5	辅音	辅音的发音部位和发音方法；朗读练习：《卜算子·咏梅》（现代）毛泽东	掌握	全文： 风雨送春归，飞雪迎春到。 已是悬崖百丈冰，犹有花枝俏。 俏也不争春，只把春来报。 待到山花烂漫时，她在丛中笑。 这首诗词既有自然情境美，又表达了一种坚忍不拔的乐观主义精神
6	塞音声母	塞音声母的发音特点；朗读练习：《吃葡萄不吐葡萄皮儿》	掌握	介绍汉语绕口令，每种语言都有自己的绕口令，这些绕口令有趣又能有效练习发音，汉语绕口令也不例外

续表

知识单元		知识点		课程思政的教学知识点
序号	描述	描述	要求	
7	擦音声母	擦音声母的发音特点；朗读练习：《一棵开花的树》（现代）席慕蓉	掌握	中国台湾诗人席慕蓉的《一棵开花的树》描绘了一个少女对爱情的期盼和坚守。爱情是人类共通的情感，容易产生共鸣
8	塞擦音声母	塞擦音声母的发音特点；朗读练习：《见与不见》	掌握	这首诗歌表达了深沉质朴的情感，有时候，沉默寂静也是爱的一种表达
9	其他声母	鼻音声母和边音声母；r 和 l 的辨析；朗读练习：《赠汪伦》（唐）李白	掌握	关键句：桃花潭水深千尺，不及汪伦送我情。这首诗盛赞了汪伦对朋友堪比桃花潭水般的深厚情谊
10	单韵母	单韵母发音特点；-i 和 e 以及 u 和 ü 的辨析；朗读练习：《锄禾》（唐）李绅	掌握	这首诗描写了农民的辛苦、粮食的珍贵，一方面要尊重别人的劳动成果，另一方面也要培养学生不浪费的环保理念
11	复韵母	复韵母发音特点；近似复韵母的辨析；朗读练习：《江南好》（唐）白居易	掌握	关键句：日出江花红胜火，春来江水绿如蓝。这首诗刻画了江南美景，并表达了对故地的思念，这些情感容易引起共鸣
12	鼻韵母	鼻韵母发音特点；近似鼻韵母的辨析；朗读练习：《天净沙·秋思》（元）马致远	掌握	中国古诗的一个常见题材就是对故乡的思念，体现了中国人的家国情怀
13	声调	单字调；三声变调；一不变调；朗读练习：《凉州词》（唐）王翰	掌握	关键句：醉卧沙场君莫笑，古来征战几人回。战争会给老百姓带来灾难，普通人都会向往和平
14	轻声和儿化	轻声的音长和音高；儿化的作用；儿化的发音规律；朗读练习：《面朝大海，春暖花开》（现代）海子	了解	这首诗歌给我们描绘了一种不同于世俗的理想生活，对美好生活的追求存在于每个人的心中

六、课程思政教学设计

（一）整体思路与教学方法

"现代汉语语音"属于汉语语言知识系列课程中的第一门，对于二年级第一学期的留学生来说，学习这门课可能会有畏难情绪，因为语音知识会有一些专业术语，留学生理解难度比较高；另外，之前留学生学习的都是汉语语言技能课，他们对知识课的学习方法还没有掌握。这就要求教师在讲解语音知识时，力求重点突出、表述简单；每次课的语音知识点不超过三个；鼓励留学生养成记笔记、多思考的习惯，在理解的基础之上记忆，且学以致用。

准中级水平的留学生汉语语音面貌或多或少存在着一些瑕疵，教师在语音知识讲解的基础之上，要向留学生介绍必要的正音技巧，鼓励留学生运用学到的正音技巧来练习发音，改善自己的语音面貌。发音练习的材料除了词和句子，还有诗歌、影视剧对白、绕口令等题材。

典型的教学方法包括：

（1）精讲多练。精讲多练是多年来汉语二语教学的优良传统，同样适用于现代汉语语音这门语言知识课的教学。

（2）启发式学习。引导留学生发现自己的汉语发音偏误，尝试不同方法的纠音，寻找适合自己的最有效手段。这种启发式学习可以发挥留学生的主观能动性，把学习的过程分解为发现问题并且解决问题。

（3）小组活动。对语音点的理解和讨论可以设计小组活动，篇幅较长的现代诗歌也很适合小组表演。

（二）课程设计展望

传统课堂教学正在向混合式教学转变。基于互联网的多种学习资源也势必会成为传统课堂的有力补充，学生的学习自主性更强，教师需要积极调整自己的角色，对学生的自主学习提供便利并给出引导。

我们可以预测，未来的汉语语音教学应该以混合式教学为主，线上教学的一些优点将会和线下课堂教学有机结合，比如文本、图片、音频、视频等形式的资料发放和作业交互应该会保留在混合式教学模式里面。

我们乐于见到，未来的汉语语音教学会有种类丰富并制作精良的语音学习资源作为辅助，学生的自主学习能力也会更强。

七、作业、考核方式和成绩评定

本课程要求学生按时上课，积极参加课堂活动，并认真完成课后作业。课程通过考勤、作业、课堂表现和考试等进行综合评价，课程成绩包括：考勤占 10%，作业占 15%，课堂表现占 15%，考试（口试加笔试）占 60%。

第二章 "现代汉语修辞"课程思政指南

一、课程信息

课程学分：2

面向专业：汉语言、汉语国际教育、双语

课程性质：专业选修课

使用教材：韩庆玲，《现代汉语修辞》，自编讲义

辅助教材：陈望道，《修辞学发凡》，复旦大学出版社，2008年版；陈汝东，《当代汉语修辞学》，北京大学出版社，2004年版

先修课程：无

并修课程：无

后续课程：无

二、课程简介

现代汉语修辞课是以讲授语言运用相关知识为主，兼顾语言运用实践的一门专业基础知识课。课程性质有别于语言技能课，但又与语言技能课有密切的联系，从而根本上区别于大学中文系的修辞课程。在整个汉语言专业教学中承担的主要任务是完善学生专业知识结构，辅助任务是间接促进学生汉语表达和理解能力的提高。

三、选课建议

现代汉语修辞课是汉语作为第二语言教学本科系列课程中的一门，是专门为已经具备高级汉语水平，能够阅读一般专业性文章，想要系统了解汉语运用规律，进一步提高汉语运用的准确性、得体性的留学生开设的一门语言知识课。

四、课程任务和教学目标

（一）思政目标

在教学过程中，现代汉语修辞课程将深入揭示汉语交际过程中的思政教育元素，结合中华文化语境下语言运用的规律进行分析、讲解。在教授留学生掌握汉语修辞知识，把握

汉语运用方式、方法、策略，提高其汉语运用水平的基础上，使留学生透过修辞行为、修辞规律发现汉语修辞之美，并深入了解、体会其中蕴含的中华传统文化内涵，把握中华民族的审美观、价值观、社会习俗、思维方式，从而达到传播中华文化，培养留学生的知华、友华、爱华情怀的目的。

（二）教学目标

该课程开设的目的在于通过对现代汉语修辞学基本知识的介绍，帮助留学生了解和掌握：①什么是修辞及其与语境的关系；②语音修辞的原则、方式与功能；③词语修辞的原则、方式与功能；④不同类型句式的修辞功能；⑤修辞方式及其运用。一方面培养学生具备一定的修辞理论水平；另一方面指导学生运用所学到的修辞理论对修辞现象进行分析，并且能够指导自己的语言实践，从而提高汉语表达能力和理解能力；同时，在教学过程中通过启发学生探索发现汉语修辞之美，感受汉语魅力，培养学生对汉语及中华文化的兴趣。

五、课程基本内容及要求

现代汉语修辞课程思政教学遵从顶层设计思想，本着"讲好汉字故事，传播中华文化，做好中外文化交流，着力培养国际学生的知华、友华、爱华情怀"的宗旨，构建课程思政教学大纲，将课程知识点与课程思政元素一一对应、有机融合。

知识单元		知识点		课程思政的教学知识点
序号	描述	描述	要求	
1	现代汉语修辞概说	什么是修辞，修辞与相关学科的关系；什么是语境，高语境与低语境、语境与修辞行为的关系；修辞过程的基本要素	理解掌握	通过对修辞行为与文化语境关系的剖析，引导学生发现处于高语境文化中的汉语表达习惯、修辞规律，了解蕴含于修辞现象中的中华文化元素
2	语音修辞	汉语语音修辞的基本原则；汉语常见的语音修辞方式；谐音的运用及修辞效果	掌握	通过对语音修辞原则与规律的学习，引导学生分析、解读汉语的韵律之美，理解谐音修辞与传统习俗的关系，加深对中国传统文化的认知
3	词语修辞	词语修辞的原则	掌握	通过对词语修辞原则与修辞方式的学习，引导学生科学、正确地解读词语所蕴含的文化信息、情感评价信息及其对词语运用的影响
		同义词的辨析及运用	掌握	
		反义词的并列与对举	了解	
		词语的附加意义及其修辞功能	掌握	

续表

知识单元		知识点		课程思政的教学知识点
序号	描述	描述	要求	
4	熟语修辞	熟语的定义及类型	理解	学习如何解读熟语的深厚意蕴，把握不同类型熟语包含的文化信息，以便更准确地使用熟语
		熟语的修辞功能	掌握	
5	句式修辞	什么是同义句式	掌握	把握影响句式修辞的底层文化语境及在其导引下同义句式选择的倾向性，更深刻地理解汉语修辞的特点以及言语交际与文化的关系
		句式的语气与其修辞功能		
		长、短句及其修辞功能，长、短句的变换		
		变式句、常式句及其修辞功能		
		主动句、被动句及其修辞功能		
		口语语体与书面语语体在句式选择上的差异		
6	修辞方式	修辞方式及其分类	掌握	引导学生发现汉语修辞方式在表达形式与意义上的追求，了解其中蕴含的中华民族的审美观、价值观和思维方式
		常见修辞方式特点、修辞功能及其使用		

六、课程思政教学设计

（一）整体思路与教学方法

作为一门语言知识课，现代汉语修辞课所涉及的知识点多，理解和掌握的难度大，如果单纯依靠教师讲解，学生被动接受，很容易使其感觉枯燥乏味，降低其学习的积极性。因此，在教学过程中，应遵循"以学生为中心"的教学原则，引导学生发现在中华文化语境下汉语修辞的特点、规律，在修辞知识、理论的学习中，更深刻地体会和把握修辞现象中所蕴含的中华民族的审美观、价值观、社会习俗和思维方式。将思政教育与修辞理论的学习有机结合在一起，提升教学的针对性、趣味性、生动性，加强学生理论学习与实践分析相结合的能力，有效地帮助学生更系统地掌握汉语运用的规律。

典型教学方法包括：

（1）线上、线下相结合，优势互补。进一步丰富和完善"学习通课程资源"，使之成为线下教学的有效补充，也可以满足部分学生对学习时间的特殊需求。

(2) 合理利用多种教学手段，助力课堂教学。收集整理能够充分展现修辞规律的故事、图文、视频资料，助力知识和思政教学。在教学过程中充分合理利用各种教学手段，提高思政教育的直观性、趣味性。

(3) 以任务型教学为主，课前发布学习资料、学习任务，引导学生积极主动参与到学习过程中。

(4) 贯彻以问题为导向的课堂教学方法，教师的讲解要有侧重、要精练。注重理论讲解与实例分析相结合，借助典型实例的分析，引导学生探索、发现修辞规律及其所蕴含的传统与当代思想、文化。再通过大量练习，加深对理论知识的理解，巩固所学知识。

(5) 学习小组推动学习进程，让课堂和课后各环节的学习任务得以落实。成立 3~4 人的学习小组，共同完成学习任务，让学生在学习中交流合作，思想碰撞，充分发挥学生自身的认知能力，调动其已有的目的语资源，达成合作目标。

(二) 课程设计展望

(1) 调动学生主动参与到教学过程中。教师在课前推送学习资源，并提出问题，让学生在查看学习资源时思考、寻找答案。教师所提出的问题包括教材理论知识和实践任务，难度要适当，能引发学生学习、探索的兴趣但又不至于让学生感到无从下手。学生带着问题查阅资料，进行探究式学习，培养自主学习的习惯和能力。

(2) 学习小组成员分工协作，为解答教师提出的问题积极交流互动、深入探讨，在讨论的基础上形成书面文字材料。

(3) 在课堂教学中，学生对课前完成的学习任务进行汇报，教师做出总结、评价和完善，并针对学生的问题及难点做进一步讲解，引导学生对相关问题展开更深入和全面的思考。

(4) 延伸实践任务，展开深度学习。实践任务即把理论知识付诸实践的任务，主要围绕课程内容提炼出的思政元素来设计。实践任务在强化学生对知识的理解和掌握的同时，又能使思政元素显性化，将学习引入更深层次。

七、作业、考核方式和成绩评定

本课程要求学生按时上课，积极参与课堂提问讨论，并认真完成相关章节小组学习任务及课后作业。课程通过考勤、课堂表现（包括小组学习和任务汇报）、课后作业和考试等进行综合评价。课程成绩包括：考勤和课堂表现占 20%，课后作业占 20%，考试（笔试）占 60%。

八、教学案例

教学主题		"第四章 句式修辞"的第二节 句式的语气及其修辞功能	课时	2
教学内容		课程内容： 句式的语气类型； 通过典型实例的分析，揭示不同句式在语气表达上的差异及其相应的修辞功能； 如何根据语境因素和表达目的对由不同语气句式构成的同义句式做出恰当选择。 思政内容： 通过讲授如何根据语气的不同对同义句式做出选择，来揭示修辞规律蕴含的汉语交际文化，说明中国人在言语交际中的价值追求和审美追求		
教学目标	知识能力	掌握不同语气的句式类型及其功能； 理解并掌握同义句式的语气差异及其修辞功能； 能够根据语境及表达目的对不同语气的同义句式做出恰当选择，提高学生的理解和表达能力		
	课程思政目标	揭示影响同义句式选择的深层文化因素，分析中国人在言语交际中的价值追求和审美追求		
教学方法		课前发布学习任务，以小组为单位通过阅读教材及与教学内容有关的故事，思考相关问题，完成学习任务。 贯彻以问题为导向的教学方法，结合课前发布的学习任务，检查学生课前学习情况，并做出总结和评价。 采用启发式教学，精讲多练，注重理论讲解与实例分析相结合，借助典型实例分析，引导学生探索、发现同义句式的语气差异及包含在同义句式选择中的文化信息。再通过大量练习，加深对相关理论知识的理解，巩固所学知识。 收集整理与不同语气句式选择相关的各种图文、故事，在课前及课堂教学中充分合理利用这些资料，提高理论讲解与思政教育的直观性、趣味性		
教学过程	课前	发布预习内容，包括教材相关内容及与不同语气同义句式相关的幽默故事，请学生在阅读后，思考并回答相关问题		
	课堂教学	导入	由课前发布的幽默故事引入，提问，由学生的答案引出，在交际过程中，不同语气同义句式的选择对交际成败的影响，导入教学内容（5分钟）	

续表

		讲授内容	教学方法
教学过程	课堂教学	讲解 (50分钟)	句式的语气类型及其主要功能	提问法，检查学生课前学习任务完成情况，根据学生讲解情况进行评价、总结和适当补充，并结合实例分析
			同义句式的语气差异及其修辞功能： 陈述语气：肯定句、单重否定句、双重否定句构成的同义句式在语气上存在的差异及其修辞作用； 疑问语气：疑问句因语境变化而产生的不同修辞作用； 祈使语气：祈使句语气强弱等级，陈述句、疑问句与祈使句构成的同义句式在语气强弱上的差异及其修辞功能； 感叹语气：感叹句与陈述句构成的同义句式在语气强弱上的差异及其修辞功能	提问法，检查学生课前完成与这部分内容相关的学习任务的情况，根据学生讲解情况进行评价、总结、适当补充、深化。在延伸内容的讲解过程中采用实例分析法、归纳法
			同义句式的使用： 讲解如何根据语境，特别是文化语境在同义句式中做出恰当选择，以提高交际的有效性	实例分析法，设置多种语境，引导学生发现句式选择的规律；对比法、归纳法
			思政内容的体现： 通过对不同语气句式修辞功能的讲解及同义句式选择倾向性的揭示，引导学生发现在中华文化背景下，中国人在言语交际中追求言不偏激、谦虚有礼、中正平和；由此引导学生更深入了解中国传统文化的价值观和审美观	提问法、归纳法、实例分析法
		练习 (40分钟)	对比分析不同语气同义句式的差异； 运用所学句式语气方面的知识，分析相关修辞现象	
		总结 (5分钟)	用提问法引导学生总结本课讲解的主要内容，画出知识结构图	
	课后		以小组为单位完成学习任务： 发布影视、文学作品中几个言语交际的片段，请学生运用所学知识分析其中人物所使用句式的语气、交际的效果。如果交际效果不好，可以在句式语气上做出什么样的调整	

第三章 "现代汉语词汇"课程思政指南

一、课程信息

课程学分：2
面向专业：汉语国际教育专业、汉语言专业
课程性质：必修课
使用教材：万艺玲，《汉语词汇教程》，北京语言大学出版社，2000年版
辅助教材：符淮青，《现代汉语词汇》，北京大学出版社，2020年版
先修课程：无
并修课程：无
后续课程：现代汉语语法、词汇语法教学

二、课程简介

该课程以现代汉语词汇研究的基本成果为理论框架，借鉴最新的词汇研究成果，分析现代汉语词汇的特点、现代汉语词汇系统中词语之间的聚合关系和组合关系，以及有关词形、词义、词汇与文化等方面的基础理论知识。该课程在兼顾理论性的同时也突出实用性，课堂上结合大量的练习让学生掌握汉语构词的方式和特点、同义词的辨析方法、各类词汇在语言表达上的作用等，以提高留学生的汉语词汇运用能力，更好地掌握汉语。

三、选课建议

该课程要求学生已经掌握4000左右的汉语词汇量，或具有新HSK5级及以上水平，建议开设在本科三年级第一学期。

四、课程任务和教学目标

（一）思政目标

深入挖掘现代汉语词汇课程中包含的思政教育元素，在教学过程中结合专业知识和词语使用的案例分析，使学生了解汉语词汇的特点、汉语词汇所蕴含的中华文化的内涵，为正确使用汉语词汇、得体地组织语言做好准备。树立辩证的思想观和求同存异的文明发展观，为讲好中国故事、了解中国文化、促进中外文化交流打下坚实的基础。

（二）教学目标

该课程的学习旨在让学生对词汇学的基本理论和知识有所了解，提高学生运用和分析汉语词语的能力，扩大词汇量，通过分析汉语词汇和文化的关系，认识汉语思维的特点、理解汉语的表达方式，为促进中外文化交流搭建友谊的桥梁。

五、课程基本内容及要求

知识单元		知识点		课程思政的教学知识点
序号	描述	描述	要求	
1	词和词汇	词和词汇的区别；词汇的系统性表现	掌握	讲好中国故事：通过讲授词和词汇的区别、词汇的系统性表现，让学生对汉语词汇学有初步的认识，为学生学好这门课程铺路，为培养他们讲好中国故事的能力奠定基础
2	汉语词汇的构成	基本词汇和一般词汇的区别；汉语词汇的构成类型；外来词的结构类型	掌握	促进中外文化交流：通过讲授基本词汇和一般词汇的特点，让学生了解词汇的基本分类；在重点讲解外来词的结构类型的基础上，让学生了解中外语言交流与互鉴的表现形式，更好地促进中外文化交流
3	汉语词汇的特点	汉语词汇的特点	理解	了解中国文化：通过讲授汉语词汇的特点，让学生理解汉语词汇所折射出的中国文化的特点
4	词的性质	词的特点；词和字的区别；词和词组的区别	掌握	讲好中国故事：通过讲授词和字以及词和词组的区别，让学生一方面了解语言研究单位和记录符号之间的关系，另一方面掌握语言研究单位之间的异同，以便更正确地遣词造句并讲好中国故事
5	词的构造	语素的性质及其分类；单纯词和合成词的区别；合成词的构造类型；词根和词缀的区别	掌握	树立求同存异的文明发展观：通过讲授语素、单纯词、合成词、词根、词缀等概念，让学生认识到不同语言之间的共通性，了解语言的共性与个性，建立起语言类型学的初步概念，树立求同存异的文明发展观
6	词的意义（上）	词义的内容；词的感情色彩和语体色彩；义项的归纳；多义词	掌握	培养知华友华的高级汉语人才：通过讲授词语感情色彩和语体色彩的分类及判断，让学生学会正确选用词语的感情色彩和语体色彩，得体恰当地使用汉语，成为知华友华的高级汉语人才

续表

知识单元		知识点		课程思政的教学知识点
序号	描述	描述	要求	
7	词的意义（下）	词义的古今演变；词义和构词语素义的关系	了解	了解中国文化：通过讲授词义的古今演变规律，让学生了解汉语词汇从古至今的演变路径；通过重点讲解词义和构成语素义的关系，让学生知晓词义的语素义的构成关系，了解语素义在表达词义时所体现的中国文化内涵
8	同义词	同义词的类型；同义词的辨析方法	掌握	讲好中国故事：通过讲授同义词的辨析方法，让学生掌握基本的辨析角度和思路，形成逻辑清楚、思路明晰的思考方式，更好地讲好中国故事
9	反义词	反义词的构成条件；反义词的类型	掌握	树立辩证的思想观：通过讲授反义词的构成条件及类型，让学生了解相关知识，并引导学生将反义词与同义词相比，总结两类词义关系的定义角度，树立辩证的思想观
10	同音词	同音词的特点与应用；同音词与别字	理解	了解中国文化：通过讲授同音词的特点与应用，让学生认识到语音和语义之间的有机联系，尤其是了解谐音双关的运用所折射出的文化特点和内涵
11	同素词	同素词的特点和分类；同素词的辨析	了解	树立辩证的思想观：通过讲授同素词的特点和辨析，让学生认识到形式与内容的辩证统一关系，树立辩证的思想观
12	熟语	熟语的共同特点；成语的来源和特点；惯用语的特点；歇后语的特点和类型；谚语的特点和分类	理解	了解中国文化：通过讲授成语、惯用语、歇后语和谚语的形式特点和表义特点，让学生了解汉语熟语作为词汇单位的特殊性，尤其是理解其中所折射的文化特点和内涵，更好地了解中国文化
13	词汇与文化	汉语词汇和社会发展变化的关系；中外文化交流在词汇中的体现；词汇与文化差异	理解	促进中外文化交流：通过讲授词汇和社会发展变化的关系让学生了解词汇在一定程度上是对社会发展变化的映射；通过讲授词汇所表现的文化差异以及中外文化交流在词汇中的体现，让学生了解中外文化的碰撞和交融，更好地促进中外文化交流

六、课程思政教学设计

（一）整体思路与教学方法

现代汉语词汇课的知识点繁多，系统性与语音和语法相较稍显不足，对于初次接触语言知识课学习的留学生来说有一定的难度。但实际上词汇与日常生活息息相关，是社会发展变化的映射，是组织语言的必备材料，需让学生树立起学以致用的思想，将所学与所用有机地结合起来。在实际教学中应立足于词汇学的专业知识，以思政教育为引领，突出词汇学习的实用性，夯实教学效果。

主要的教学方法主要有三个：

（1）线上线下结合。将传统的线下课堂教学和线上教学模式相结合，突出课堂教学的特点，加强互动与交际，及时解决学生问题，发挥线上教学资源可突破时空限制的优势。上传知识点的精讲视频和相关资料至指定平台供学生课前预习和课后复习观看，使线上线下形成有效互补，让学生取得更好的学习效果。

（2）讲练结合。以讲透练够为基本的教学原则，在教师精讲知识点的基础上，辅以大量的应用练习。练习设计注重层次性和递进性，既有理解性练习，也有应用性练习，既有词语层面的练习，还有句子、语段和语篇层面的练习，兼顾词汇知识课的理论性和实用性。

（3）独立学习和合作学习结合。根据不同的学习形式给予针对性的指导，培养学生独立思考问题、自主发现问题和解决问题的能力，锻炼学生统筹问题和团结协作的能力。

（二）课程设计展望

（1）教师在教学过程中充分运用各种教学资源和教学方法，在传授有关专业知识的同时，将思政教育融入其中，发挥思政的引领作用，引导学生树立辩证的思想观、夯实知识结构，为讲好中国故事、促进中外文化交流发挥作用。

（2）学生通过多模态学习最大限度地收获学习成果，成为知华友华的汉语高级人才。

七、作业、考核方式和成绩评定

该课程要求学生准时到课，积极参加课堂教学活动，认真完成相关章节课内外作业。课程通过考勤、平时作业成绩、课堂表现和期末考试等进行综合评价，考勤、平时作业成绩和课堂表现占30%，期末考试（笔试）占70%。

第四章 "现代汉语语法"课程思政指南

一、课程简介

课程中文名	现代汉语语法		
课程英文名	Grammar of Modern Chinese		
课程学分	2	课程总学时数	32
课程类别	☐通识课程 ☑专业课 ☐实验实践课 ☐其他	课程性质 ☑必修 ☐选修 ☐其他	课程形态 ☐线上 ☑线下 ☐线上线下混合 ☐其他
考核方式	☑闭卷 ☐开卷 ☐一页开卷 ☐面试 ☐口试 ☐答辩 ☐论文 ☐报告 ☐大型作业 ☐课程作品 ☐其他		
开课学部（院）	汉语学院	授课对象	三年级下
面向专业	汉语言、汉语国际教育	开课学期	每一学期
课程负责人	韩庆玲	审核人	王安红
课程简介	现代汉语语法课是汉语作为第二语言教学本科系列课程中的一门，是专为汉语水平已经达到高级阶段、想要系统学习汉语语法知识及规律从而完善自己的专业知识体系的留学生开设的一门语言知识课。 　　本课程通过对汉语语法特点、汉语句子成分和重点句型等相关知识的介绍，一方面，要使学生具备相关的语法知识，对汉语这种语言有更深刻的认识，并对汉语及其母语语法的差异有更多的了解；另一方面，通过语法知识的学习，让学生了解怎么说是对的，对错的原因何在，从而减少汉语使用中的语法偏误，提高学生汉语表达的正确率		

二、课程目标

课程目标	具体课程目标
思政目标	在学习汉语语法知识的过程中,学生将接触到大量的汉语材料,通过这些汉语材料,让学生更充分地了解中国的文化、中国的发展以及中国对世界的贡献,培养热爱汉语、热爱中国的知华友华人士
知识目标	使学生掌握语法学的基本概念、基础知识和进行语法分析的基本方法,初步具备对现代汉语语法现象进行简单分析的能力
能力目标	使学生能够运用掌握的语法知识对留学生常见的语法偏误进行分析,纠正错误,提高语言运用的正确率;并使其中较优秀者能运用汉语语法理论在教师指导下进行语法论文写作
素质目标	使学生更深层次了解汉语是一种什么样的语言,与其母语的异同,提高对汉语学习的兴趣

三、教学内容和教学方法

现代汉语语法课是一门针对高年级外国留学生开设的汉语知识课。因为授课对象是第二语言学习者,在知识讲授的同时要通过大量的练习促进知识的内化与能力的培养。在练习和训练的过程中,精心选择例句、例文和话题,把中国文化、中国成就的介绍融入语言材料的选择之中,以润物细无声的方式实现知识传授与思政教育的有机融合。

教学内容	详细内容与要求	教学方法
1. 概述(一)语法单位及句子成分	1. 教学内容 (1)语法单位。 (2)句子的构成。 2. 教学重点和难点 (1)词和语素、词组的关系。 (2)句子成分分析的方法。 (3)补语的类型与特点。 3. 教学要求 (1)掌握各级语法单位的特点。 (2)掌握构成句子的成分并能够对句子成分进行分析	(1)课前阅读教材、预习。 (2)课堂以讲授为主,辅以练习。 (3)课后布置作业及复习任务

续表

教学内容	详细内容与要求	教学方法
2. 概述（二）现代汉语语法特点	1. 教学内容 现代汉语语法的特点： （1）汉语形态变化不发达、不普遍。 （2）汉语语序和虚词的作用。 （3）韵律对汉语语法的制约作用。 2. 教学重点和难点 （1）形态变化的概念。 （2）语序和虚词作用。 （3）同义单双音节词语的区别。 3. 教学要求 （1）理解并掌握现代汉语语法的主要特点。 （2）能够与自己的母语对比，对汉语和母语语法特点的异同有更深刻的理解	（1）课前阅读教材、预习。 （2）课堂以讲授为主，辅以练习。 （3）课后布置作业及复习任务
3. 时点词与时量词	1. 教学内容 （1）时点词与时量词的区分。 （2）时量词的常用句型。 （3）时间词用法举例。 2. 教学重点和难点 （1）宾语与时量成分的位置。 （2）易错时间词用法比较。 3. 教学要求 （1）了解时点词和时量词的区别。 （2）掌握动词后宾语和时量成分的位置关系。 （3）能够正确使用常用时点词、时量词句型进行表达	（1）课前阅读教材、预习。 （2）课堂以讲授为主，举实例引导学生总结规律。 （3）课后布置作业及复习任务
4. 结果补语	1. 教学内容 （1）结果补语的形式。 （2）结果补语的意义。 （3）专用结果补语。 2. 教学重点和难点 （1）"动词"与"动词+结果补语"的用法比较。 （2）结果补语的语义指向。 3. 教学要求 （1）理解"动词+结果补语"表达的语法意义。 （2）掌握结果补语出现的常见句型。 （3）能正确使用常见结果补语进行表达	（1）课前阅读教材、预习。 （2）课上，教师讲授和学生预习后讲授并行，辅以练习。 （3）课后布置作业及复习任务

续表

教学内容	详细内容与要求	教学方法
5. 趋向补语	1. 教学内容 （1）趋向补语的类型。 （2）趋向补语的常见句型。 （3）趋向补语的引申意义。 2. 教学重点和难点 （1）复合趋向补语与宾语的位置。 （2）趋向补语的引申意义。 3. 教学要求 （1）了解趋向补语的类型和基本的语法意义。 （2）了解常用趋向补语的高频引申意义。 （3）能正确使用趋向补语的本义和常用引申义进行表达	（1）课前提出问题，分组预习讨论。 （2）课上学生讲授为主，教师总结指导并辅以练习。 （3）课后布置作业及复习任务
6. 可能补语	1. 教学内容 （1）可能补语的形式和意义。 （2）专用可能补语。 2. 教学重点和难点 （1）可能补语与"能（不能）"的区别与联系。 （2）肯定性可能补语与状态补语的区别。 3. 教学要求 （1）掌握可能补语的语法形式和表达的语法意义。 （2）掌握专用可能补语的用法。 （3）在合适的语境中能恰当使用可能补语进行表达	（1）课前提出问题，分组预习讨论。 （2）课上学生讲授为主，教师总结指导并辅以练习。 （3）课后布置作业及复习任务
7. 状态补语	1. 教学内容 （1）状态补语的形式和意义。 （2）状态补语的常用句型。 2. 教学重点和难点 （1）状态补语与状语的用法差别。 （2）状态补语与可能补语的区分。 3. 教学要求 （1）掌握状态补语常见的形式类型和意义类型。 （2）掌握状态补语使用的语境。 （3）在合适的语境中能恰当使用状态补语进行表达	（1）课前提出问题，分组预习讨论。 （2）课上学生讲授为主，教师总结指导并辅以练习。 （3）课后布置作业及复习任务

续表

教学内容	详细内容与要求	教学方法
8."把"字句	1. 教学内容 (1)"把"字句的语法形式。 (2)"把"字句的语法意义。 2. 教学重点和难点 (1) 什么条件下必用"把"字句。 (2)"把"字句中常用的补语形式。 (3)"把"字句中其他状语的位置。 3. 教学要求 (1) 了解"把"字句语法结构上的核心特点和表达的语法意义。 (2) 能够运用学到的语法知识在合适的语境中用"把"字句进行表达	(1) 课前提出问题,分组预习讨论。 (2) 课上学生提问,教师回答,然后对相关问题进行总结,并辅以练习。 (3) 课后布置作业及复习任务
9. 被动句	1. 教学内容 (1) 主要的"被"字句句型。 (2) 其他被动句。 2. 教学重点和难点 (1) 无标志被动句使用的条件。 (2)"被"字句中其他状语的位置。 3. 教学要求 (1) 了解"被"字句语法结构上的特点和表达的语法意义。 (2) 能够运用学到的语法知识在合适的语境中用"被"字句进行表达	(1) 课前提出问题,分组预习讨论。 (2) 课上学生提问,教师回答,然后对相关问题进行总结,并辅以练习。 (3) 课后布置作业及复习任务

四、实践环节及要求

通过教授语法知识及相关分析方法,培养学生自主分析语言现象的能力;配合大量的课堂训练和练习,增强学生对于知识点的掌握,提高其正确使用汉语的能力及发现和纠正语法错误的能力。对于学生练习中出错率高的问题要进行检讨,寻找原因,有针对性地加以解决。

五、课程学生成绩评定

考核环节	分值	考核/评价细则
平时成绩	30	考勤 10 分； 课上表现 10 分； 作业 10 分
期末考试	70	笔试考核，以卷面完成情况为准
总计	100	

六、教学资源

资源类型	资源
采用教材	徐晶凝，《汉语语法教程：从知识到能力》，北京大学出版社，2017 年版
参考书目	孙德金，《汉语语法教程》，北京语言大学出版社，2002 年版； 彭小川、李守纪、王红，《对外汉语教学语法释疑 201 例》，商务印书馆，2004 年版； 周小兵、朱其智、邓小宁，《外国人学汉语语法偏误研究》，北京语言大学出版社，2007 年版； 冯胜利、施春宏，《三一语法：结构・功能・语境——初中级汉语语法点教学指南》，北京大学出版社，2015 年版； 吕叔湘，《现代汉语八百词》（增订本），商务印书馆，2015 年版
推荐网址	HSK 动态作文语料库 https://webvpn2.blcu.edu.cn/http/77726476706e6973746865 6265737421f8e44ad225 3c6b45300d8db9d6562d/Login

七、说明

本课程大纲自 2021 级开始执行，自生效之日起原先版本均不再使用。

八、课程思政教案示例："把"字句教学

（一）教学内容

（1）"把"字句的语法形式；
（2）"把"字句的语法意义。

(二) 教学目标

1. 知识点目标

了解"把"字句语法结构上的核心特点和表达的语法意义。

2. 知识点目标

能够运用学到的语法知识在合适的语境中用"把"字句进行表达。

3. 课程思政目标

通过知识讲授和练习的素材，让学生感受和了解春节的习俗文化。

(三) 课时安排

第一讲（2课时）："把"字句的语法意义；
第二讲（2课时）："把"字句的形式类型。

(四) 课程思政运用的材料和环节

本课程虽然是知识类课程，但知识的讲授和知识到能力转化的训练都离不开语言材料，为了展现中国的文化自信、弘扬中国传统文化的精神，我们拟在教学语言材料的选择上进行设计。"把"字句在操作语体中是一个高频句式，春节期间中国有一系列年俗活动，我们将在导入阶段、练习阶段以中国春节的照片和视频为材料进行"把"字句的讲解和练习。具体语言材料和使用环节如下：

1. 语言材料一：《春节年货》（李子柒）视频剪辑（3分钟左右）

运用环节和方法：在第一讲的导入环节，请学生观看3分钟左右的《春节年货》视频，教师针对视频中出现的福字、春联、窗花等提问，引导学生用"把"字句回答。在第二讲的"语法点运用环节"，请学生根据"把"字句的语法形式和语法意义特点，介绍《春节年货》视频中李子柒怎么准备年货，要求至少用上3个"把"字句。

2. 语言材料二：《通过文化潮流走向中国——越南汉学家陈氏水访谈》（节选，有改编）

运用环节和方法：本课程采取讲练结合模式，在讲解"把"字句语法形式特点之后，会安排学生进行组句或改错练习。本课程根据"把"字句的知识点，截取记者对越南汉学家陈氏水先生的访谈中部分"把"字句设计成语法练习，让学生在完成练习的过程中也接触到了关于中国文化的介绍。

3. 练一练：请用"把"字句将括号中的词语连成一个完整的句子

（1）我认为，科技手段和现代媒介为我们的文化交流提供了新机遇，尤其是互联网时代，游戏、电影、绘本（中国文化 世界的各个角落 到 带 了），使中国形象变得更加可爱、可亲。这既提高了中国文化的国际影响力，又能让更多人从不同侧面走近中国。

（2）我和身边的朋友都喜欢看李子柒的视频。视频中的中国风景、饮食和音乐吸引了全球人的目光，这些关于中国的画面（中国文化　世界舞台　推广　到　了）。

（3）北京798艺术区的青年文化深深地吸引着我，年轻的艺术家进驻到闲置的工厂，让旧物焕发出生机，形成了新的文化空间，太有创意了！从产业和城市发展的角度来看，这背后的经验非常值得越南借鉴，（越南的朋友们　我　798的案例　介绍　给　就）。

第五章 "新闻语言基础"课程思政指南

一、课程信息

课程学分：4
面向专业：汉语国际教育专业
课程性质：选修课
使用教材：肖立，《新闻语言基础》，北京大学出版社，2017年版
辅助教材：无
先修课程：无
并修课程：无
后续课程：新闻阅读

二、课程简介

新闻语言基础课程适用于对外汉语教学初中级阶段，主要用于培养留学生的报刊阅读能力。本课程通过精读和泛读结合的方式，学习中国公开传播的报刊、电视和网络新闻，了解中国新闻报道的内容和语言风格，使留学生能够尽快获得独立搜集和阅读中文新闻、了解当代中国的能力。

三、选课建议

该课程难度控制的主要依据是《高等学校外国留学生汉语专业教学大纲》（北京语言文化大学出版社，2002年）的二年级生词表和语法项目部分，并吸收了近年来新出现的词汇及其用法。该课程的难度控制和篇幅安排，适用于对外汉语本科生二年级留学生一年的学习时间或学力相当者的需求。

四、课程任务和教学目标

（一）思政目标

深入挖掘新闻语言基础课程中包含的思政教育元素，在课堂教学过程中结合新闻阅读课程的特点，引领留学生通过阅读中文新闻、提高新闻阅读能力的同时，加深对当代中国的了解。中国早已站在世界的舞台上，正在用快速发展的高科技技术和飞速腾飞的经济实

力迈向世界舞台的中央。新闻语言基础课程,可以以新闻为载体向留学生传播现代美丽中国的方方面面,向留学生"讲好中国故事"。

(二)教学目标

该课程是针对对外汉语教学初中级阶段本科二年级留学生的一门选修课,是一门以报刊、广播、电视的范文为载体,以新闻语言知识为切入点,以提高留学生的报刊阅读与理解能力为中心任务的语言技能课。该课程不仅可以提高留学生的汉语阅读能力,同时可以让留学生通过报刊新闻的阅读更广泛地了解中国的国情和文化,加强沟通与交流的能力,并对学生进行价值塑造、知识传授和能力培养。具体目标:①了解当代中国社会现实;②具备中等程度的阅读理解新闻媒体信息能力;③为高级阶段汉语学习、研究和理解中国社会奠定基础。

五、课程基本内容及要求

新闻语言基础课程是为北京语言大学汉语学院二年级学生开设的选修课,旨在培养留学生阅读中文新闻的能力,特别是识别新闻基本要素——时间(when)、地点(where)、人物(who)、事件(what)、因果关系(why)的能力,使其在学习和生活中能从中文新闻中获取所需要的各种信息。授课时以实践第一为原则,注重培养留学生的阅读技能;同时,兼顾中国当代社会的背景知识,使留学生了解当代中国,向留学生"讲好中国故事"。

序号	教学内容	详细内容与要求	课程思政的教学知识点
1	《伦敦书展的"中国风"》	(1)教学内容:熟悉和理解中国文化输出近况。 (2)教学重点:与汉语教学相关的词汇和表达方式。 (3)教学难点:关键时间、地点、人物关系。 (4)教学要求:阅读理解初级水平课文、完成练习	思政教学内容:熟悉和理解中国文化输出的近况
2	《英国女孩眼里的春节》	(1)教学内容:了解春节为代表的中国文化。 (2)教学重点:与节庆相关的词汇和表达方式。 (3)教学难点:关键时间、地点、人物关系、中外文化差异。 (4)教学要求:阅读理解初级水平课文、完成练习	思政教学内容:了解以春节为代表的中国传统文化

续表

序号	教学内容	详细内容与要求	课程思政的教学知识点
3	《中国仍为全球投资首要目的地》	（1）教学内容：了解中国经济在全球的地位和影响。 （2）教学重点：与投资相关的词汇。 （3）教学难点：关键时间地点、理解中国的增长潜力。 （4）教学要求：阅读理解初级水平课文、完成练习	思政教学内容：从经济的视角来了解当代中国，了解中国经济在全球的地位和影响
4	《中国女性崛起》	（1）教学内容：了解中国女性发展状况。 （2）教学重点：与女性和性别平等相关的词汇。 （3）教学难点：代表性时间地点、人物、事件及其价值。 （4）教学要求：阅读理解初级水平课文、完成练习	思政教学内容：通过中国成功女性的案例，阐述当代中国女性的发展状况
5	《习近平主席出席二十国集团领导人第八次峰会》	（1）教学内容：了解时政类新闻规范。 （2）教学重点：与外交外事活动相关的词汇。 （3）教学难点：关键时间地点、人物、事件及写作规范。 （4）教学要求：阅读理解初级水平课文、完成练习	思政教学内容：通过阅读规范性时政新闻类型，了解当代中国经济的发展情况
6	《政务微博兴起：走到网民中去》	（1）教学内容：了解中国社会发展状况。 （2）教学重点：与网络、媒体相关的词汇。 （3）教学难点：关键时间地点、人物、事件及背景知识。 （4）教学要求：阅读理解中级水平课文、完成练习	思政教学内容：通过了解微博、微信在中国的使用情况，阐述当代中国互联网和通信的发展状况

续表

序号	教学内容	详细内容与要求	课程思政的教学知识点
7	《华为突飞猛进的四个秘密》	(1) 教学内容：了解中国技术进步状况。 (2) 教学重点：与网络、媒体相关的词汇。 (3) 教学难点：关键时间地点、人物、事件及背景知识。 (4) 教学要求：阅读理解中级水平课文、完成练习	思政教学内容：阅读"华为"的成功案例，了解当代中国科技进步的状况
8	《杨欣：可可西里的环保斗士》	(1) 教学内容：了解当代中国保护与发展兼顾的国策。 (2) 教学重点：与环境保护和志愿者工作相关的字词句。 (3) 教学难点：关键时间地点、人物关系，口语体表达。 (4) 教学要求：阅读理解中级水平课文、完成练习	思政教学内容：了解当代中国环境保护与经济发展兼顾的国策。深刻理解习近平总书记的"绿水青山就是金山银山"的内涵
9	《五味的调和》	(1) 教学内容：了解纪实体电视片表达方式。 (2) 教学重点：与饮食和地域文化相关的字词句。 (3) 教学难点：关键时间地点、情节，文字画面配合的方式。 (4) 教学要求：阅读理解中级水平课文、完成练习	思政教学内容："中华美食"是中国文化不可或缺的组成部分。通过了解中华饮食来加深对中国文化的理解
10	《中国航天员太空授课》	(1) 教学内容：了解中国技术进步状况和科技类新闻规范。 (2) 教学重点：与航天相关的词汇。 (3) 教学难点：关键时间、地点、人物、事件及科技知识。 (4) 教学要求：阅读理解中级水平课文、完成练习	思政教学内容：航天事业的发展可以代表国家的实力。通过学习航天员太空授课的内容，了解中国科技发展和技术进步的状况

续表

序号	教学内容	详细内容与要求	课程思政的教学知识点
11	《入世十年："中国做对了，世界也做对了"》	（1）教学内容：了解中国改革开放国策和成果。 （2）教学重点：与国际贸易相关的字词句。 （3）教学难点：关键时间、事件，国际合作和社会进步。 （4）教学要求：阅读理解高级水平课文、完成练习	思政教学内容：作为WTO成员国之一的中国，正在用经济实力走向世界舞台的中央，通过学习本课内容，更加了解当代中国
12	《不同寻常的历史时刻——重温邓小平访美历程》	（1）教学内容：了解重大历史事件类型新闻。 （2）教学重点：与国际关系相关的字词句。 （3）教学难点：关键时间、地点、人物、事件及其影响。 （4）教学要求：阅读理解高级水平课文、完成练习	思政教学内容：重温经典，领悟当代中国的魅力
13	《中国仍是外国人青睐的就业地点》	（1）教学内容：了解中国经济社会发展潜力。 （2）教学重点：与国际人才就业相关的字词句。 （3）教学难点：关键时间、地点、人物、事件。 （4）教学要求：阅读理解高级水平课文、完成练习	思政教学内容：通过外国人在华就业的视角，了解中国经济社会的发展潜力
14	《中国迈入高铁时代》	（1）教学内容：了解中国经济和社会发展成就。 （2）教学重点：中国铁路交通网络建设进展。 （3）教学难点：关键时间地点、中国版图。 （4）教学要求：阅读理解高级水平课文、完成练习	思政教学内容："高铁"的迅速发展代表着中国科技技术的腾飞。通过学习本课内容，了解经济进步、科技发展的当代中国

续表

序号	教学内容	详细内容与要求	课程思政的教学知识点
15	《阿里巴巴现象》	（1）教学内容：了解中国技术和社会进步状况。 （2）教学重点：与网购相关的词汇。 （3）教学难点：关键时间、地点、人物、事件及背景知识。 （4）教学要求：阅读理解高级水平课文、完成练习	思政教学内容：通过了解中国"互联网购物"的方便快捷，认识当代中国的社会进步状况

六、课程思政教学设计

（一）整体思路与教学方法

新闻语言基础课程主要是针对初中级留学生开设的新闻阅读课。该课程是以新闻为载体，让留学生通过阅读汉语新闻内容掌握新闻语言、提高新闻阅读能力的同时，加深对中国社会的了解。时效性极强的新闻是展示高科技快速发展，经济飞速腾飞的当代中国的手段。作为新闻阅读课程，"新闻语言基础"教学核心的新闻阅读课文，为留学生的中国国情教育与思政教育提供了丰富的素材。通过精读和泛读结合的方式，学习中国公开传播的报刊、电视和网络新闻，了解中国新闻报道的内容和语言风格，留学生能够尽快获得独立搜集和阅读中文新闻、了解当代中国的能力。

（二）课程设计展望

（1）引导留学生通过阅读汉语新闻了解当代中国的方方面面，接受并理解中华优秀文化；引导留学生正确认识当代中国国情，加强综合修养，使其成为知华、友华的高层次汉语人才。

（2）作为新闻阅读课程，通过学习课文的新闻阅读材料，留学生能接触到中国的政治、经济、文化、环境、体育、女性等一系列主题，如《不同寻常的历史时刻——重温邓小平访美历程》《中国航天员太空授课》《中国仍为全球投资首要目的地》《杨欣：可可西里的环保斗士》《中国迈入高铁时代》《中国女性崛起》等课文，充分展示出经济飞速腾飞，科学技术空前进步的当代中国的方方面面。这些课文使留学生在掌握新闻语言和新闻阅读能力同时，可以更加了解当代中国国情，加深他们对中国的认识与理解。可以说该课程正是向留学生、向全世界传播中国国情，"讲好中国故事"的极佳媒介。

七、作业、考核方式和成绩评定

课程考核以考核学生对课程目标的达成为主要目的，以检查学生对教学内容的掌握程度。课程成绩需包含三个部分：平时成绩、期中考试成绩和期末考试成绩。

考核环节	分值	考核/评价细则
平时成绩	10	按时出勤，积极参与教学活动
期中考试	30	过半课程教学效果检验
期末考试	60	全部课程教学效果检验
总计	100	

八、教学案例

第3课　英国女孩眼里的春节

【课程类型】新闻语言基础

【使用教材】肖立，新闻语言基础，北京大学出版社，2017年版

【教学对象】汉语学院二年级留学生

【教学时间】2课时

【教学内容】第3课主课文

【教学重点】

（1）把握课文的主要意思，弄清英国女孩对中国春节的认识。

（2）理解课文中的重点词语和重点句子。

（3）阅读技能的训练：①重在训练抓住文章主旨、厘清文章基本思路的能力；②找出长句子的主谓宾。通过抓住长句子的主干，将长句子变为短句子来提高掌握句子重点的能力。

（4）思政课程内容：通过介绍"春节"，加深学生对中国传统文化的认识。

【教学难点】梳理清楚课文中提到的英国女孩林琳在英国遇到的中国"春节"和来到中国后"过年"的不同看法和感受。

【教学目标】

（1）理解重点词语和重要句子。

（2）对一些词语进行适当的扩展，扩大学生的词汇量。

（3）训练和提升学生的阅读能力。

（4）通过介绍"春节"，加深学生对中国传统文化的认识。

【教学过程】

（1）组织教学。

(2)导入新课。

(3)新课内容的学习:

①提出问题,让学生带着问题阅读课文,目的在于了解文章主旨、把握篇章结构。

②指定学生回答问题,了解学生对全文的把握情况。

③分段阅读,逐段检查理解情况,处理重点词和重点句。在教学过程中尽量融入思政课内容,使学生通过"春节"加深对中国传统文化的理解。

④总结课文的主要内容。

⑤做课后练习。

(4)小结。

(5)布置作业。

【板书】(重点词语)

第六章 "汉语新闻阅读"课程思政指南

一、课程信息

课程学分：4

面向专业：汉语国际教育专业、汉语言专业

使用教材：于洁、刘丽萍、夏可心，《高级汉语新闻阅读教程》，北京语言大学出版社，2022年版

先修课程：新闻语言基础

并修课程：新闻视听

后续课程：当代中国话题

二、课程简介

"汉语新闻阅读"是为汉语国际教育专业和汉语言专业三年级留学生开设的一门专业选修课。该课程旨在培养学生阅读中文新闻能力的同时，增进学生对中国社会的深入了解，形成正确认识。授课方式以阅读训练为主，注重培养学生的阅读技能，并兼顾背景知识的介绍。

三、选课建议

该课程要求学生对新闻的一般格式及新闻语言的常用词汇和句式有初步了解，因此建议本科二年级时选修新闻语言基础课程，三年级再选修汉语新闻阅读。

四、课程任务和教学目标

（一）思政目标

通过阅读来自中国主流媒体的新闻，引导学生感受和了解当代中国社会各方面的进步与发展，帮助学生理解中国道路，给学生讲好中国故事。

（二）教学目标

该课程属于高级阶段的阅读技能课，课程的基本教学目标是培养学生阅读和理解字数在1500~2500的评论性新闻的能力。教学中通过查找长句主干、猜测词义、跳读、查找关

键信息等阅读技能的训练,培养学生对相关话题新闻的阅读理解能力。在此基础上,通过课堂讨论,培养学生进一步思考和分析相关新闻的能力。

五、课程基本内容和要求

该课程的思政内容围绕"讲好中国故事"这一核心思想,引导学生了解中国社会各方面的发展现状,理解中国道路的正确性,传播积极的正向能量。

知识单元		知识点		课程思政的教学知识点
序号	描述	描述	要求	
1	这些年,我们"出口"的汉语词汇	中文词汇成为英文外来词的原因和过程;与语言文化交流有关的词语;一些常用句式的用法;提取文章关键信息的方法	理解中文词汇进入英文的深层原因;完成课后练习;掌握重点词语和句式的用法	随着中国经济的增长和中国全球影响力的提升及关注度的提高,中文对国际英语产生的冲击已经超过了英语国家
2	"无现金社会"离我们还有多远	中国科技进步对人们生活的影响;移动支付的发展前景;与支付方式和网络有关的词语;一些常用句式的用法;关键信息的提取和理解	理解支付方式改变的原因和发展前景;了解人民币的地位;完成课后练习;掌握重点词语和句式的用法	随着科技的进步,移动支付正在成为市民的主要支付方式;中国移动支付规模目前在全球遥遥领先;人民币是中华人民共和国的法定货币,在中华人民共和国境内,任何单位和个人不得拒收人民币
3	当春节遇上互联网:是坚守传统,还是做出变革	网络科技对中国传统节日习俗的影响;春节习俗的内涵;与节日习俗相关的词汇和相关表达方式;长句结构的把握,关键信息的提取和理解	理解春节对于中国人的重要意义;完成课后练习;掌握重点词语和句式的用法	春节作为中国最重要的传统节日,体现了中国人对家庭的重视。虽然春节的节日习俗在变迁,但春节的内涵不会改变
4	我们追求事业与家庭的平衡	新一代中国女性独立意识的提高和对家庭及社会的影响;与女性社会地位相关的词汇;长句结构的把握,关键信息的提取和理解	了解新一代中国女性独立意识的提高及其对家庭社会的影响;完成课后练习;掌握重点词语和句式的用法	新一代中国女性不甘于只做贤妻良母,她们追求事业和家庭的平衡

续表

知识单元		知识点		课程思政的教学知识点
序号	描述	描述	要求	
5	生逢其时的"一带一路"	"一带一路"是造福世界各国人民的伟大事业；与"一带一路"有关的词汇；长句结构的把握，关键信息的提取和理解	充分理解"一带一路"是造福世界各国人民的伟大事业；阅读相关背景知识；完成课后练习；掌握重点词语和句式的用法	"一带一路"建设有利于促进沿线各国经济繁荣与区域经济合作，加强不同文明之间的交流，促进世界和平发展，是一项造福世界各国人民的伟大事业
6	气候变化中国如何应对	中国为应对全球气候变暖采取的积极措施和具体行动；与气候变化相关的词汇；长句结构的把握，关键信息的提取和理解	理解中国为应对全球气候变暖采取的积极措施和具体行动；完成课后练习；掌握重点词语和句式的用法	中国在应对全球气候变暖方面采取了积极措施和具体行动，体现了大国担当的责任和勇气
7	繁华过后是极简	在简单生活中品味人生的消费观念和生活方式；有关消费和生活状态的词语；跨越生词障碍获取主要信息的阅读理解方法	理解倡导极简生活的意义；完成课后练习；掌握重点词语和句式的用法	在这个物质极大丰富的消费时代，越来越多青年和精英阶层开始告别繁杂和奢侈，过起经济、环保的极简生活。他们试图通过自己的努力，节省资源，保护环境，并在简单生活中获得更大的精神自由
8	"90后"海归如何给自己打分	中国留学生回国就业的情况及对自身的定位；与专业及就业有关的词语；常见句式结构；跨越生词障碍获取主要信息的阅读理解方法	了解中国留学生回国就业的情况；完成课后练习；掌握重点词语和句式的用法	近年来，大批出国留学的学子纷纷回国就业。"90后"海归占据相当大的比例。海归身份已褪去昔日神圣的光环，他们要和国内高校毕业生一样进入人才市场求职，在职场中奋力拼搏。海归回国就业为中国人才市场注入了新的活力

续表

知识单元		知识点		课程思政的教学知识点
序号	描述	描述	要求	
9	中国"90后"登台亮相	作为中国发展主力军的"90后"的共同特点；相关词语和常用句式；跨越生词障碍获取主要信息的阅读理解方法	了解中国"90后"的特点；完成课后练习；掌握重点词语和句式的用法	中国的"90后"是在中国繁荣与和平时期长大的一代人，爱国主义情感早早扎根在他们心里，他们被外媒称为中国骄傲的"自来水"。成长中的"90后"虽然有困惑和压力，但更多的是乐观、自信和务实，他们是中国充满希望的新一代
10	新打工一代："30岁以下年轻人几乎不再务农"	中国发展过程中农村劳动力向城镇转移的增长动力；有关经济和社会发展的词语；跨越生词障碍获取主要信息的阅读理解方法	理解中国农村劳动力转移的特点、趋势和面临的挑战；完成课后练习；掌握重点词语的用法	从发展经济学的角度，中国经济已经从增长转到了发展。中国非农转型已完成了大半，应该挖掘下一阶段增长动力，这在很大程度上取决于教育推动人力资本的提升
11	经典名著的精神跨越古今	作为人类共同精神财富的经典名著的时代价值；与经典阅读相关的词语；一些常见句式结构；跨越生词障碍获取主要信息的阅读理解方法	理解经典名著对人们精神生活的重要意义；完成课后练习；掌握重点词语和句式的用法	经典名著是人类共同精神财富。它富于启迪性，在陶冶人的情操、塑造人的品质、开拓人的胸怀等多个方面，具有无可替代的巨大作用。经典名著具有现代价值，我们可以从经典名著中找到应对当今社会问题的良方和智慧
12	慢就业，如何"慢"出精彩	当前中国大学毕业生不急于就业的趋势和原因；与就业相关的词语；常见句式结构；根据所提供的信息概括段落大意的方法	了解当代中国大学生慢就业趋势的原因和积极因素；完成课后练习；掌握重点词语和句式的用法	慢就业现象是当前大学生就业形势带来的客观趋势。一方面，如今生活条件好了，很多应届毕业生没有经济负担，不急于找工作；另一方面，创业的机会大大增加，大学生可以慢慢考虑和规划自己的职业生涯。有些"慢就业"的毕业生，在就业理念方面可能比想象中更成熟。应区别"慢就业"和"不就业"

续表

知识单元		知识点		课程思政的教学知识点
序号	描述	描述	要求	
13	今天，你运动了吗	中国全民健身计划的内容及其对百姓生活的影响；与运动和健身有关的词汇及常用句式结构；跨越生词障碍获取主要信息的阅读理解方法	了解中国全民健身计划的制订、实施和对百姓生活的影响；完成课后练习；掌握重点词语和句式的用法	全民健身已经成为中国国家战略的一部分。它是一项涉及全民全社会广泛参与的体系工程，在通往全民健康和生命全周期健康的道路上，每一次改革创新，每一个身边的健身故事都有一个共同的主题：健康自我，健康中国
14	什么动力让我们不断学习	了解知识经济时代人们学习需求的增加和学习方式的多样化；有关知识经济的词汇与常见表达方式；根据所提供信息提炼文章主要内容	理解知识经济对于个人学习的促进作用；完成课后练习；掌握重点词语和句式的用法	随着知识经济时代的到来，人们的学习需求和学习方式比以前更为丰富，各式各样的学习需求和方式层出不穷。知识更新周期不断缩短，社会分工更加交叉、综合，实用性学习热度不减，同时，兴趣性学习也逐步兴起
15	智慧交通，改变的不只是出行方式	中国交通运输能力的发展给百姓生活带来了长、中、短出行的便利；与各类交通运输方式有关的词汇和常见句式；从数据资料中获取相关信息	了解中国交通运输能力的发展情况；完成课后练习；掌握重点词语和句式的用法	随着中国经济快速发展，中国的交通也出现了日新月异的变化。中国拥有全世界最大的高铁网和高速公路网，铁路、公路、民航等运输保障能力在全球数一数二，覆盖了中国人长中短距离的立体出行。信息时代，各类便捷交通工具通过智能手机终端，借助电子支付技术连通起来，个人出行已实现了多种交通方式无缝衔接
16	中国制造打响"翻身仗"	中国产品正在从数量时代走向质量时代；与产品制造和产品质量有关的词汇；常用句式结构；跳过生词障碍理解文章内容	理解中国产品从数量时代向质量时代的转型过程；完成课后练习；掌握重点词语和句式的用法	中国正努力改变中国货质量不高的名声，从数量时代向质量时代过渡。目前，中国是全世界唯一拥有联合国产业分类中全部工业门类的国家。中国制造走向海外，倒逼制造业逐渐向中高端转移，提升自主创新能力，向全球消费者提供质量过硬的产品和服务

续表

知识单元		知识点		课程思政的教学知识点
序号	描述	描述	要求	
17	人工智能会抢你的饭碗吗	人工智能的发展给各个领域带来的影响和挑战；与人工智能和职业有关的词汇；常见句式结构；跳过生词障碍理解文章内容	理解人工智能带来的劳动转型升级；完成课后练习；掌握重点词语和句式的用法	人工智能对传统职业的冲击已是不可回避的事实。虽然机械性的、可重复的脑力或体力劳动，将被人工智能取代；但会有更多新的、深度的、创意性的人才需求出现。人工智能将大量淘汰传统劳动力，但也会创造高端的新型的产业需求，从而带来劳动者的转型升级
18	今天，我们如何养老	中国老龄化社会的养老方式的多样性和重要性；与老龄化及养老相关的词；常见句式结构；通过数据资料提炼所需要信息	理解中国养老服务体系的发展现状；完成课后练习；掌握重点词语和句式的用法	1999年年底起，中国已正式进入老龄化社会。中共十九大报告明确：积极应对人口老龄化，构建养老、孝老、敬老政策体系和社会环境，推进医养结合，加快老龄事业和产业发展。民政部和国家发改委提出"居家为基础、社区为依托、机构为补充、医养相结合"的多层次养老服务体系
19	国人的幸福感来自哪儿	中国老百姓的幸福感及健康对幸福的重要性；与幸福感和健康有关的词汇和相关句式；快速阅读并提炼段落大意	理解影响幸福的主要因素；完成课后练习；掌握重点词语和句式的用法	调查显示，超过三分之二的被调查中国家庭幸福感指数较高，在影响家庭幸福感的关键性因素中，健康已连续第三年排在首位。调查还发现，认为周围幸福家庭比例高的人，其自身家庭幸福感也越高。让我们做个积极传播正能量的人，不仅让自己更快乐，也能把这份幸福传递给身边人
20	"90后"的爱情观	"90后"择偶时所考虑的要素和择偶标准；有关婚姻家庭的词汇；常见句式结构；跳过生词获取主要信息；择偶相关的背景知识	了解"90后"择偶时所考虑的要素和择偶标准；完成课后练习；掌握重点词语和句式的用法	最近针对18~25岁在校学生进行的专项调查结果显示，"90后"大学生在择偶考虑要素中，排在第一位的是温柔、体贴、有家庭观念。和大多数人一样，在"90后"眼里，家庭关系、健康状况和收入水平是影响幸福感的三大因素。值得注意的是，"90后"对家庭关系的重视程度高于其他人群

六、课程思政教学设计

汉语新闻阅读课是一门具有一定专业知识特色的汉语技能课，该课程的思政元素应结合课型特点进行设计。总体来看，新闻阅读课的基本教学目标应该是：培养和提高学生的新闻阅读技能，并通过阅读新闻增加对当代中国社会的深层理解。基于这一目标，新闻阅读课的整体教学思路是：以话题为纲，将语言技能的培养和新闻内容的理解有机结合起来。教学方法以课上精读和速读为主，以课下泛读为辅。

本课程所选用的教材以话题主导的形式选材和编排，内容包括中国社会的各个方面，如经济、文化、外交、就业、科技、消费、家庭、交通、人口、环境等。每课由话题相同的两篇新闻组成，其中包括一篇主课文和一篇副课文。主课文为精读课文，应在教师的引导下进行细致阅读，副课文主要训练学生的快速阅读能力。除副课文之外，教师还应选择一到两篇相关的新闻给学生作为课外补充阅读资料。

典型教学步骤和教学方法包括：

（一）课前新闻报告和当日新闻阅读

作为教学环节之一，课前的报告新闻和教师引导的当日新闻阅读不但可以帮助学生培养阅读新闻的习惯，而且可以提高学生对新闻的关注度、活跃课堂气氛、让学生自然进入课本新闻的阅读学习之中。教师给学生阅读的新闻应注意选择包含思政内容的新闻。

（二）新闻标题教学

新闻标题作为一篇新闻的核心，是全篇内容的概括。在开始阅读每篇新闻之前，认真阅读标题无疑是很重要的，它可以帮助学生快速了解新闻话题范围，学习该话题中最常见的关键词。

（三）生词教学

新闻阅读课生词讲解的原则以理解为主，不构成阅读障碍即可。但与话题密切相关的生词和包含新闻背景知识的生词，则应重点学习，要求学生理解并掌握。

（四）主课文讲解

主课文讲解是新闻阅读教学的核心环节。生词讲解和课堂练习都应围绕此核心展开。

主课文讲解的基本目标是引导学生理解新闻内容，并在此过程中提高新闻阅读理解能力。涉及思政的课文内容应重点理解和分析。

（五）副课文教学

目前新闻阅读教材中每个话题有一篇副课文，副课文可以进行快速阅读，训练学生快速查找细节、提炼关键信息等能力，通过快速阅读还可以在一定程度上巩固精读课文中所学习的语言知识。除了副课文，教师可以补充同一话题的新闻或背景知识作为课外泛读材料。

七、作业、考核方式和成绩评定

每次课都会布置作业，作业在平时成绩中的比重为50%。作业内容根据教学进度安排。网课阶段，所有的作业都在学习通平台完成。

该课程的考核方式以笔试和口头新闻报告为主。课程成绩由平时成绩和期末考试成绩合成，各占50%。平时成绩由考勤（20%）、新闻报告（30%）和作业（50%）构成；期末考试为笔试。

八、教学案例

【教学对象】汉语国际教育/汉语言专业三年级（上）本科留学生
【教学时长】2学时
【教学内容】生逢其时的"一带一路"（第一讲）
【使用教材】于洁、刘丽萍、夏可心，《高级汉语新闻阅读教程》，北京语言大学出版社。
【教学目标】
（1）了解"一带一路"的含义、历史渊源、时代背景和目标；
（2）掌握重点词"倡议、造福"；
（3）掌握句式：不是……，而是……；无论……，还是……，都……。
【教学重点】"一带一路"的时代背景和目标
【教学难点】"一带一路"和古代"丝绸之路"的联系与区别
【教学过程】

第一课时（50分钟）

（一）组织课堂（3分钟）：点名考勤

（二）两位同学发表新闻（5分钟）

（三）引入（5分钟）

你知道什么是"一带一路"吗？（讨论，并引入新课：生逢其时的"一带一路"）

（四）背景知识阅读（12分钟）

1. 张骞出使西域
在中国汉朝时期，中原经常受到北方游牧民族匈奴的入侵，汉武帝希望联合月氏（zhī）

夹击匈奴，因此派遣张骞在公元前139年出使西域。张骞出使西域，使得汉朝第一次官方探索出了到达西域的路径。之后，古代的丝绸之路才开始慢慢地开拓出来。因此，张骞对丝绸之路的开拓有重大的贡献。

2. 古代的丝绸之路

丝绸之路是指古代中国连接亚洲、非洲和欧洲的商业贸易路线。

从运输方式上，分为陆上丝绸之路和海上丝绸之路。陆上丝绸之路是一条东方与西方之间经济、政治、文化进行交流的主要道路，起于西汉都城长安。由于它的最初作用是运输中国古代出产的丝绸，因此德国地理学家李希霍芬在19世纪70年代将之命名为"丝绸之路"，后被广泛接受。

带出：漆器、瓷器、铁器、茶叶等；四大发明（火药、指南针、造纸术和活版印刷术）。

进入：玻璃、宝石、葡萄、石榴、胡瓜（黄瓜）、胡萝卜等；文学、艺术、宗教。

3. "一带一路"示意图（略）

（五）生词讲解（1~9）（15分钟）

崭新	zhǎnxīn
倡议	chàngyì
基因（英：gene）	jīyīn
模式	móshì
造福	zàofú
面世	miànshì
枢纽	shūniǔ
疆域	jiāngyù
经由	jīngyóu

重点词：倡议、造福

（六）课文学习

【开栏的话】（10分钟）

"一带一路"，即"丝绸之路经济带"和"21世纪海上丝绸之路"。

它崭新又古老，由中国倡议并得到全球众多国家的热烈响应。"一带一路"涵盖的国家和地区的总数正逐渐变大。我们还知道，它有两个好"帮手"：亚洲基础设施投资银行、丝路基金；我们更知道，"一带一路"建设不是**空洞**的口号，而是看得见、摸得着的实际举措。"一带一路"里，有中国的未来，也有世界的机遇。

本报今起推出"'一带一路'里的世界机遇"系列报道，敬请关注。

阅读后完成练习：

（1）判断："一带一路"包括"丝绸之路经济带"和"21世纪海上丝绸之路"两个重大倡议。（对）

（2）"得到……热烈响应"表达出来的态度是什么？（积极支持）

（3）"空洞"的意思是：（A）。

A. 没有内容　　　B. 没有计划　　　C. 缺少思考　　　D. 声音很大

（4）操练句式："不是……，而是……。"（教师给2~3个例句，然后给情景让学生说句子。）

第二课时（50分钟）

【课文第1段】（5分钟）

5月7日至12日，习近平主席出访<u>欧亚三国</u>，一路上，"一带一路"话题<u>备受关注</u>，大量相关项目<u>签约</u>。现在，无论哪个国家与中国交往，都<u>不能不</u>了解一个词："一带一路"。

背景介绍：欧亚三国包括哈萨克斯坦、俄罗斯和白俄罗斯。

【课文第2段】（10分钟）

"丝绸之路经济带"诞生于2013年9月7日。这一天，习近平主席访问哈萨克斯坦，在<u>纳扎尔巴耶夫</u>大学发表演讲时倡议：**为了**使我们欧亚各国**经济**联系更加紧密、相互合作更加深入、发展空间更加广阔，我们可以**用**创新的合作模式，**共同建设**"丝绸之路经济带"。他说，这是一项**造福**沿途各国人民的大事业。

阅读后完成练习：

（1）"造福"的意思是：（D）。

A. 创造机会　　　B. 制造商品　　　C. 改造生活　　　D. 带来幸福

（2）"丝绸之路经济带"是2013年9月习近平主席访问哈萨克斯坦时，在纳扎尔巴耶夫大学发表的演讲中提出的倡议。（对）

（3）请概括这段话的主要内容：（A）。

A. 习近平主席提出"丝绸之路经济带"的倡议

B. 习近平主席访问哈萨克斯坦并在大学发表演讲

C. 欧亚各国经济联系应该更加密切和深入

D. "丝绸之路经济带"可以造福沿途各国人民

【课文第3段】（10分钟）

2013年10月3日，"21世纪海上丝绸之路"面世。这一天，习近平主席访问印度尼西亚，在国会演讲时提出：东南亚地区自古以来就是"海上丝绸之路"的重要枢纽，中国愿同东盟国家加强海上合作，使用好中国政府设立的中国—东盟海上合作基金，发展好海洋合作伙伴关系，共同建设"21世纪海上丝绸之路"。他说："中国愿同东盟国家共享机遇、共迎挑战，实现共同发展、共同繁荣。"

阅读后完成练习：

（1）"面世"的意思是：（C）。

A. 面临　　B. 面对　　C. 问世　　D. 出生

（2）东南亚地区既是"丝绸之路经济带"的重要枢纽，又是中国的海洋合作伙伴，中国希望跟东盟国家一起建设"丝绸之路经济带"。（错）

（3）请概括这段话的主要内容：（C）。

A. 东南亚地区是古代"海上丝绸之路"的重要枢纽

B. 习近平主席访问印度尼西亚并在国会发表演讲

C. 习近平主席提出"21世纪海上丝绸之路"的倡议

D. 中国愿和东盟国家一起迎接机遇和挑战、共同繁荣发展

【课文第4段】（8分钟）

无论"造福沿途各国人民"**还是**"共同繁荣"，习近平代表中国政府发出的这两个重大倡议，**都**站在了"人类命运共同体"的高度。

阅读后完成练习：

（1）操练句式："无论……还是……，都……。"（教师给2~3个例句，然后给情景让学生说句子。）

（2）背景知识阅读：

人类命运共同体：人类只有一个地球，各国共处一个世界。11月中共十八大明确提出要倡导"人类命运共同体"意识。习近平就任总书记后首次会见外国人士就表示，国际社会日益成为一个你中有我、我中有你的"命运共同体"，面对世界经济的复杂形势和全球性问题，任何国家都不可能独善其身。"命运共同体"这一理念强调，在追求本国利益时，要兼顾他国合理关切。

"人类命运共同体"与"一带一路"的关系："一带一路"是途径、是实践，"人类命运共同体"是奋斗目标。

【课文第5段】（7分钟）

"一带一路"的基因，传承了2000多年。那时，中国正是汉朝时代，疆域辽阔、国力强盛。地球上出现了多条由中国出发、经由陆路或海上连接亚欧非的**贸易**和**人文**交流通道，被统称为"丝绸之路"。众多民族、**几大文明**因此紧密相连。

阅读后完成练习：

（1）"疆域"的意思是：（B）。

A. 视野　　B. 领土　　C. 边界　　D. 领域

（2）"经由"的意思是：（A）。

A. 经过　　B. 经常　　C. 由于　　D. 连接

（3）在2000多年前的汉朝已经出现了"一带一路"。（错）

(4) 古代的"丝绸之路"是多条由中国出发、经由陆路或海上连接亚欧非的贸易和人文交流通道。(对)

(七) 本次课小结 (7分钟)

1. 课文内容理解

"一带一路"即"丝绸之路经济带"和"21世纪海上丝绸之路"。

"一带一路"的基因源自汉代的"丝绸之路",但二者不完全等同。

无论"造福沿途各国人民"还是"共同繁荣",习近平主席代表中国政府发出的这两个重大倡议,都站在了"人类命运共同体"的高度。

2. 重点词语:倡议、造福

3. 重点句式:不是……,而是……;无论……,还是……,都……

(八) 布置作业 (3分钟)

(1) 预习:生词10~25;课文6~12段。

(2) 课后练习:

①猜测词义:1~5;

②根据课文内容,判断正误:1~5。

(3) 在"一带一路"官方网站查阅关于"一带一路"的更多资料。(选作)

https://www.yidaiyilu.gov.cn/index.htm.

第七章 "汉字概论"课程思政指南

一、课程信息

课程学分：2

面向专业：汉语言、汉语国际教育

课程性质：专业选修课

使用教材：张静贤，《汉字教程》，北京语言大学出版社，2004年版

辅助教材：左民安，《细说汉字》，中信出版社，2015年版

先修课程：无

并修课程：无

后续课程：无

二、课程简介

本课程首先通过对汉字的历史、性质、特点、造字法等相关知识的介绍，使学生对汉字这种文字有更深刻的认识，对汉字与其母语文字的差异有更多的了解；其次，通过对汉字形、音、义的学习，学生掌握汉字的构成以及字形与字音、字义的关系。在学生深刻了解汉字形、音、义的基础上，通过配合实例分析和大量练习实践，增强对汉字的理解和记忆能力，减少汉字书写的偏误。

三、选课建议

汉字概论课是汉语作为第二语言教学本科系列课程中的一门，是专为已经具备了一定的汉语水平、能够阅读一般的汉语文章、想要系统学习汉字知识及相关规律、进一步提高汉语水平的外国留学生开设的一门语言知识课。

四、课程任务和教学目标

（一）思政目标

在教学过程中，深入挖掘蕴藏于"汉字"中的思政教育元素，对与中华文明发生发展同步产生的、代表中华文明发展史基本范畴的、反映汉字发展规律的字例进行分析讲解。在辅助学生掌握汉字基本知识，把握汉字形、音、义基本规律，提高汉字识记能力的基础

上,使学生通过汉字把握中国文化的深刻内涵及丰富的民族情感,真正做到讲好汉字故事、传播中华文化、做好中外文化交流,从而培养国际学生的知华、友华、爱华情怀。

(二)教学目标

汉字概论课是为汉语言、汉语国际教育专业开设的一门选修课程,是上述两专业的理论基础课。该课程开设的目的在于通过对汉字相关知识的介绍,帮助学生了解和掌握:①汉字发展的历史及形体演变;②汉字的性质、特点,相比其他文字的独特之处;③汉字的造字法;④汉字形、音、义的理据及相关规律。

通过本课程的学习,学生由点到面,有系统地学习掌握汉字,包括:①掌握分析汉字形体及汉字形体与音、义关系的方法,提高汉字的识记能力;②提高汉字书写的正确率;③具备对常见的汉字书写偏误进行分析和纠正的能力。此外,加深学生对汉字的认识,使其深刻理解汉字在传承中华文化过程中的价值,把握汉字所包含的文化内涵,感受汉字之美,增强学生对汉字学习和探索的兴趣。

五、课程基本内容及要求

汉字概论课程思政教学遵从顶层设计思想,本着"讲好汉字故事,传播中华文化,做好中外文化交流,着力培养国际学生的知华、友华、爱华情怀"的宗旨,构建汉字概论课程思政教学大纲,将课程知识点与课程思政元素一一对应、有机融合。

序号	知识单元 描述	知识点 描述	要求	课程思政的教学知识点
1	汉字的历史	古汉字的发现;最古老成体系的文字;汉字的产生;汉字形体的演变;汉字形体演变的总趋势;汉字简化的方式	掌握	通过对汉字发展脉络和发展总趋势的学习,深刻了解汉字丰富灿烂的历史及古人非凡的智慧
2	现代汉字的性质和特点	现代汉字的性质;现代汉字的五大特点	掌握	通过对汉字性质及特点的学习,引导学生正确认识汉字,理解汉字的独特性及其在传承中华文化方面的意义
3	现代汉字的造字法	动态溯源:象形、指事、会意、形声;静态描写:意符、音符、记号;单部件字、多部件字及其类型	掌握	在造字法理论的指导下,通过对汉字构形、读音、意义理据的揭示,提高学生对汉字形音义的理解、记忆;引导学生科学、正确解读汉字理据所蕴含的文化信息,深刻感知古人智慧,培养学生对汉字学习的兴趣

续表

序号	知识单元 描述	知识点 描述	要求	课程思政的教学知识点
4	现代汉字的字形——笔画和笔顺	笔画：数目、笔形、组合关系	掌握	把握汉字书写规律，在提高汉字书写速度、规范性的同时，引导学生感受汉字形体之美
		笔顺：基本规则、笔顺的规范	了解	
5	现代汉字的字形——部件和整字	部件：部件的切分原则、切分方法、部件名称	掌握	掌握汉字字形的构成与布局规律，提高汉字书写的正确率；培养学生分析汉字结构的能力，为关联其文化意义奠定基础
		整字：整字类型、多部件字间架结构、现代汉字字体		
6	现代汉字的字音	现代汉字字音的特点，多音字、同音字；现代汉字形声字声旁的表音功能；现代汉字形声字声旁与字音的关系	掌握	通过分析总结汉字声旁，引导学生学会利用表音偏旁的读音信息记忆汉字读音，减轻学生记忆字音的负担和困难；并以声旁为纲联系同声旁汉字，促进学生有系统地掌握汉字，培养学生的声旁意识，让汉字学习变得更轻松、更有趣。同时也能使学生更深刻地认知汉字的理据，也更能体会到古人的智慧
7	现代汉字的字义	现代汉字字义的特点；现代汉字形声字形旁的表义功能；现代汉字形声字形旁与字义的关系	掌握	通过分析、总结汉字表意偏旁的特点及功能，引导学生利用汉字意义理据进行汉字学习，使会意字、形声字的学习记忆变得轻松容易。 具有同一表意偏旁的字字义相同、相近或相关，引导学生将属于同一语义场的形符联系起来，在增强汉字学习趣味性的同时，也增强学习的系统性。 在教学中揭示汉字表意偏旁蕴含的文化信息，使学生更深刻地领悟汉字的魅力

六、课程思政教学设计

（一）整体思路与教学方法

作为一门语言知识课，对汉语二语学习者来说，汉字概论课所涉及的知识点多、理解和掌握的难度大。如果单纯依靠教师讲解，学生被动接受，很容易使其感觉枯燥乏味，降低其学习的积极性。因此，在教学过程中，应遵循"以学生为中心"的教学原则，引导学生发现汉字之美、汉字之趣、汉字之蕴，将思政教育与汉字知识的学习有机结合在一起，提升教学的针对性、趣味性、生动性，加强学生理论学习与实践分析相结合的能力，有效地帮助学生更系统地掌握汉字。

典型教学方法包括：

（1）线上、线下相结合，优势互补。进一步丰富和完善"学习通课程资源"，使之成为线下教学的有效补充，也可以满足部分学生对学习时间的特殊需求。

（2）合理利用多种教学手段，助力课堂教学。收集整理与汉字相关的各种图文、视频资料，在课堂教学中充分合理利用各种教学手段，提高思政教育的直观性、趣味性。

（3）采用启发式教学，精讲多练。注重理论讲解与实例分析相结合，借助典型实例的分析，引导学生探索、发现汉字规律及其所蕴含的传统文化。再通过大量练习，加深对理论知识的理解，巩固所学知识。

（4）学习小组推动学习进程，让课堂和课后各环节的学习任务得以落实。成立3~4人的学习小组，共同完成学习任务，让学生在学习中交流合作、思想碰撞，充分发挥学生自身的认知能力，调动其已有的目的语资源，达成合作目标。

（二）课程设计展望

（1）调动学生主动参与到教学过程中。教师在课前推送学习资源，并提出问题，让学生在查看学习资源时思考、寻找答案。教师所提出的问题包括教材理论知识和实践任务，难度要适当，能引发学生学习、探索的兴趣但又不至于让学生感到无从下手。学生带着问题查阅资料，进行探究式学习，培养自主学习的习惯和能力。

（2）学习小组成员分工协作，为解答教师提出的问题积极交流互动、深入探讨，在讨论的基础上形成书面文字材料。

（3）在课堂教学中，教师注重以问题为导向，对学生课前学习的成果进行总结、评价和完善。针对教学难点及学生的问题做进一步讲解，并引导学生对相关问题展开更深入和全面的思考。

（4）延伸实践任务，展开深度学习。实践任务即把理论知识付诸实践的任务，主要围绕课程内容提炼出的思政元素来设计。实践任务在强化学生对知识的理解和掌握的同时，又能使思政元素显性化，将学习引入更深层次。

七、作业、考核方式和成绩评定

本课程要求学生按时上课,积极参与课堂提问讨论,并认真完成相关章节小组学习任务及课后作业。课程通过考勤、课堂表现(包括小组学习和任务汇报)、课后作业和考试等进行综合评价。课程成绩包括:考勤和课堂表现占20%,课后作业占20%,考试(笔试)占60%。

八、教学案例

教学主题		"第三章 现代汉字的造字法"的第一节 动态溯源	课时	2
教学内容		课程内容: (1)介绍汉字传统造字法"六书"之说; (2)通过具体字例,分析说明象形、指事、会意、形声四种造字法如何创造汉字。 (3)以典型声旁和形旁为例,总结同声旁、同形旁的汉字。 思政内容: (1)通过对造字法的学习,让学生深入体会古人的智慧; (2)通过对汉字理据分析,讲解汉字所包含的文化信息		
教学目标	知识能力	(1)掌握汉字的造字法; (2)能够分析一些典型、常用汉字所使用的造字法; (3)能够分析形声字的声旁与形旁,更快更准确地识记汉字		
	课程思政目标	(1)理解汉字所包含的文化信息,加深对汉字所蕴含的历史、文化及中华传统文化的了解。 (2)感受古人智慧,了解汉字在传承中华文化过程中的地位与作用		
教学方法		(1)采用启发式教学,精讲多练,注重理论讲解与实例分析相结合,借助典型实例分析,引导学生探索、发现汉字造字规律及其所蕴含的传统文化。再通过大量练习,加深对理论知识的理解,巩固所学知识。 (2)收集整理与汉字造字法相关的各种图文、视频资料,在课前及课堂教学中充分合理利用这些资料,提高造字法知识与思政教育的直观性、趣味性。 (3)利用学习小组推动学习进程		
教学过程	课前	发布预习内容,包括教材相关内容及"有趣的汉字之汉字六书""古人的造字逻辑"等视频资料,请学生在阅读和观看后,思考相关问题		
	课堂教学	由学生预习内容及要求学生思考的有关问题引入,检查学生预习情况,引入"六书"及造字法等教学内容(5分钟)		

续表

教学主题	"第三章 现代汉字的造字法"的第一节 动态溯源			课时	2
教学过程	课堂教学	讲解	讲授内容	教学方法	
			1. 象形 什么是象形造字法；象形造字法的造字规律。	实例分析法、归纳法、演绎法，并借助图片及甲骨文、金文、小篆展示象形字，帮助学生更直观理解	
			2. 指事 什么是指事造字法；指事造字法的造字规律	实例分析法、归纳法，并借助图片及甲骨文、金文、小篆展示指事字	
			3. 会意 什么是会意造字法；会意造字法的造字规律；会意字的类型	实例分析法、归纳法，并借助图片及甲骨文、金文、小篆展示会意字	
			4. 形声 什么是形声造字法；声旁与形旁；形声造字法的造字规律	实例分析法、归纳法，图片展示法	
			5. 思政内容的体现 通过对造字法的讲解分析，充分展示古人智慧；通过对汉字理据、汉字故事的讲解，揭示汉字所包含的古代历史与文化信息	实例分析法、图片展示法	
		练习	运用所学造字法知识，分析常用汉字造字法； 分析形声字声旁、形旁；归纳同声旁、同形旁的字		
		总结	用提问法引导学生总结本课讲解的主要内容，画出知识结构图		
	课后		以小组为单位完成学习任务： （1）查阅特定汉字的甲骨文和小篆写法，并在此基础上分析这些汉字的造字法。 （2）查阅工具书，了解某些常用形旁的意义，并写出同形旁的汉字		

第八章 "语音汉字教学"课程思政指南

一、课程信息

课程学分：2
面向专业：汉语国际教育
课程性质：专业必修课
使用教材：《语音汉字教学》讲义（未出版）
辅助教材：无
先修课程：现代汉语语音、现代汉字概论
并修课程：词汇语法教学
后续课程：无

二、课程简介

语音汉字教学课程分为汉语语音教学和汉字教学两个部分。汉语语音教学包括语音教学的原则、声韵调教学方法及纠音技巧；汉字教学包括汉字的性质和特点，基于造字法的汉字部件教学，以及笔画和笔顺教学等。学生通过本课的学习，一方面可以掌握汉语语音及汉字教学的基本方法；另一方面还可以提高自己的汉语发音水平，增加自己的识字量。

三、选课建议

该课程为四年级第一学期汉语国际教育专业的专业必修课之一，同时面对其他专业开放选修，建议对汉语教学或者对汉语发音和汉字感兴趣的学生选修。

四、课程任务和教学目标

（一）思政目标

深入挖掘"语音汉字教学"课程中包含的思政教育元素。

在汉语语音教学部分，重视发音练习材料的选择。由于朗读练习并非这门课的教学重点，课堂上这一环节所占的时长有限，所以一般会选择五言或七言绝句，篇幅短小精悍，既帮助学生练习了发音，又引导学生对中华优秀传统文化有所了解。

在汉字教学部分，思政重点在于，要重视汉字的文化性。向学生介绍汉字是世界上唯一流传至今的表意文字，与现代汉字一脉相承的中国古文字（甲骨文和金文等）更是记录着中华文明初始阶段的创造精神和创造过程。汉字教学不仅要强调汉字的交际性（与其他文字一致的地方），还要向学生传达汉字的独特性及其文化魅力。

（二）教学目标

本课程的授课对象是未来的本土国际汉语教师，与中国汉语教师相比，他们的优势在于，更了解本土学习者的学习难点及重点，也不存在语言文化沟通障碍，但在汉语普通话发音的准确度和掌握汉字的数量方面可能逊色于中国汉语教师。本课程的设立是为了让这些未来的本土汉语教师扬长避短，掌握基本的汉语发音和汉字的教学方法，胜任教学任务。通过本课程的学习，学生能够：①了解汉语语音教学的基本原则和方法；②了解汉语语音跟自己母语发音的差异，并有针对性地改进自己的汉语发音；③了解汉字的文化价值及其独特性；④了解汉字的造字法及部件教学，触类旁通，增加自己的识字量。

五、课程基本内容及要求

语音汉字教学课程思政大纲的制定，主要是从语音部分的发音练习材料的选择及汉字部分的汉字文化性两方面入手，将课程知识点与课程思政元素一一对应，有机融合。

知识单元		知识点		课程思政的教学知识点
序号	描述	描述	要求	
1	课程介绍	讨论本土汉语教师和中国汉语教师各自的优势和劣势； 朗读练习：《登鹳雀楼》（唐）王之涣	理解	引导学生立志成为一个优秀的本土汉语教师。 关键句：欲穷千里目，更上一层楼。 鼓励学生登高望远，勇攀高峰
2	声音和语音	语音的三个属性； 口腔舌位图； 声学四要素； 教学要求：可以从三个角度分析语音； 朗读练习：《九月九日忆山东兄弟》（唐）王维	了解	关键句：独在异乡为异客，每逢佳节倍思亲。 向学生介绍中国传统节日重阳节，以及中国人的每逢佳节倍思亲的情怀
3	语音的单位和分类	音节和音素；国际音标；辅音和元音； 教学要求：掌握辅音和元音的分析方法和发音技巧； 朗读练习：《赋得古草原送别》（节选）（唐）白居易	了解	关键句：离离原上草，一岁一枯荣。野火烧不尽，春风吹又生。 向学生介绍小草顽强的生命力，及其在逆境中生存的能力

续表

知识单元		知识点		课程思政的教学知识点
序号	描述	描述	要求	
4	汉语语音教学基础	汉语语音教学内容；教学方法和技巧；教学原则 教学要求：掌握常见的汉语发音教学技巧； 朗读练习：《望庐山瀑布》（唐）李白	掌握	关键句：飞流直下三千尺，疑是银河落九天。 向学生介绍中国壮美的山河
5	汉语声调及声调教学	单字调；双字组定调；变调； 教学要求：分析常见的汉语声调偏误，掌握声调教学技巧； 朗读练习：《长歌行》（节选）汉乐府	掌握	关键句：少壮不努力，老大徒伤悲。 向学生介绍勤勉是中国自古以来的传统文化，努力要从现在开始，早努力比晚努力好
6	声母教学	辅音的发音部位和发音方法及相关教学； 教学要求：分析常见的辅音偏误，掌握辅音教学技巧； 朗读练习：《敕勒歌》北朝民歌	掌握	关键句：天苍苍，野茫茫，风吹草低见牛羊。 向学生介绍中国南北朝时期不同的民族文化，中国自古以来就是一个多民族大家庭
7	单韵母和复韵母教学	舌面元音、特殊元音、复韵母及相关教学； 教学要求：分析常见的单韵母、复韵母发音偏误，掌握相关韵母教学技巧； 朗读练习：《元日》（宋）王安石	掌握	关键句：爆竹声中一岁除，春风送暖入屠苏。 向学生介绍中国春节习俗的变迁与继承
8	鼻韵母教学及韵母省略规则	鼻韵母、ü、iou、uei、uen 的省略及相关教学； 教学要求：分析常见的鼻韵母发音偏误，掌握鼻韵母教学技巧； 朗读练习：《清明》（唐）杜牧	掌握	关键句：清明时节雨纷纷，路上行人欲断魂。 向学生介绍中国传统节日清明节
9	其他汉语语音教学	轻声；儿化；疑问语调；汉语拼音方案的音位标音； 教学要求：了解轻声和儿化的发音要点，了解汉语拼音方案里的一符多音的规则； 朗读练习：《游子吟》（唐）孟郊	掌握	关键句：慈母手中线，游子身上衣。 向学生介绍这是一首歌颂母爱的诗歌

续表

序号	知识单元 描述	知识点 描述	要求	课程思政的教学知识点
10	语音部分小组报告	报告题目：《本国学习者汉语发音的难点及解决对策》； 朗读练习：《题西林壁》（宋）苏轼	了解	培养学生的协作精神以及发现问题解决问题的能力。 全文：横看成岭侧成峰，远近高低各不同。不识庐山真面目，只缘身在此山中。 向学生介绍这是一首写景诗，也是一首哲理诗，身在其中看待事物或问题就很难客观
11	汉字的历史和特点	汉字的历史演变、汉字的性质和特点； 教学要求：了解汉字的独特性，增强对汉字的兴趣，树立传播汉字文化的信心	了解	汉字的文化性；汉字是世界上唯一流传至今的表意文字
12	汉字的造字法	四种造字法； 教学要求：掌握典型汉字的造字法	掌握	通过分析一些常见汉字的造字法，可以了解中国古代的一些文化观念，比如：家（从宀从豕），男（从田从力），反映出中国古代是农耕社会；美（从羊从大），反映出中国古代人的审美喜好
13	汉字的教学原则及方法	汉字教学原则、汉字教学方法； 教学要求：学会用部件分析法教授汉字，了解汉字部件和汉字形音义的关系	掌握	一个重要的汉字教学方法就是字源法，通过古文字的字形来学习现代汉字
14	汉字字形教学	笔画和笔顺、部件和结构及相关教学； 教学要求：掌握汉字字形教学的基本技巧	掌握	用正确的笔顺书写汉字可以帮助学生识别中国人的手写体，并逐步写出行书字体

六、课程思政教学设计

（一）整体思路与教学方法

语音汉字教学课为教学实践课，以帮助学生掌握汉语语音、汉字的基本教学方法为授课目标。鉴于授课对象并非全部选修过二年级现代汉语语音、现代汉字概论等基础知识课程，所以本课程会有汉语语音基础知识和汉字基础知识的简单铺垫，之后进入教学实践部分的讲练，课堂以教师讲解、学生操练及讨论相结合。

语言要素教学法有着共同点，都会要求学生首先掌握相关的语言要素分析能力，然后才能讨论如何开展相关要素的教学，语音教学和汉字教学也不例外。对于语音教学部分，学生需要掌握汉语声韵调的正确发音，能够分析目的语近似音之间的区别、目的语与母语近似音的区别，以及正确发音和错误发音的区别，然后才能开展科学有效的语音教学；对于汉字教学部分，学生需要掌握汉字的性质和特点，能够分析典型汉字的造字法，分析常用汉字的结构与部件，能够用正确笔顺书写汉字，这些都是开展科学有效汉字教学的重要保证。

由于学生有可能在毕业之后从事汉语教学，所以在培养他们语音和汉字教学能力的同时，也会要求他们通过这门课的学习提升自己的汉语发音水平并增加汉字识字量；还有一个很重要的教学目标是培养学生热爱中华文化，有志成为传播中华文化的使者。

为了在语音教学阶段贯彻较为明确的思政教育理念，将语音阶段每次课的最后 8 分钟设置为诗歌朗诵环节，一是学生可以感受到诗歌的韵律美及其思想内涵，增强对汉语及中国文化的兴趣；二是可以练习并纠正自己的发音。

教学方法包括：

1. 精讲多练

精讲多练是多年来汉语二语教学的优良传统，同样适用于语音汉字教学这门教学实践课的教学。

2. 启发式学习

引导学生发现有效的、有针对性的语音和汉字教学法，并在课堂上大胆尝试；发现语音偏误，并纠正语音偏误；寻找留学生汉字学习中的常见问题，并尝试解决这些问题。

3. 讨论式学习

一个人的学习是寂寞的，也不容易打开思路，小组讨论可以带来新鲜的想法，通过交流，也能让自己的思路更清晰，同时查漏补缺。

（二）课程设计展望

一直以来，本土汉语教师和中国汉语教师在国际中文教育这个舞台上都各自扮演着不可或缺的角色。出现疫情的这两年来，国际交往受限，本土汉语教师的重要性更加突出，他们不但承担了更多的汉语教学，还起到了让本国人了解中国国情、了解中华文化的重任。

为了更好地培养本土汉语教师，在本科阶段，向留学生开设汉语教学的相关课程很有必要，这些课程的教学效果可能直接影响到留学生未来的汉语教学水平，甚至影响到他们毕业后是否从事汉语教学工作的选择。

我们乐于见到，语音汉字教学这样的教学实践课程在未来更受重视，享有更多的学习和实践资源，比如让学生真正接触一些初级阶段的汉语学习者，在教学实习中提升自己的教学能力。

七、作业、考核方式和成绩评定

本课程要求学生按时上课，积极参加教学活动，并认真完成课后作业。课程通过考勤、小组活动、作业和考试等进行综合评价，课程成绩包括：考勤占 10%，小组活动占 15%，作业占 15%，考试（笔试）占 60%。

八、语音部分小组活动介绍并示例

（一）时间安排

语音部分小组报告一般安排在第 10 周，为语音教学部分的最后一次课，也是前期小组活动成果的呈现形式。

（二）小组活动的目的

为了培养学生的协作精神，以及发现问题解决问题的能力。

（三）小组活动步骤

提前三周分组，要求同一国家的学生为一组，如果某个国家的学生人数超过 6 个，就可以考虑分成两组或者三组，分为声母组、韵母声调组（两组）；或者分为声母组、韵母组、声调组（三组），每组人数一般为 3~5 人，如果某个国家的学生只有一两个，那就是一个人一组或者两个人一组。

小组活动时间为三周，最后成果是一个小组报告，题目为《本国学习者汉语发音的难点及解决对策》，报告人在正式报告前要介绍本组成员分工。

（四）报告要求

（1）找出本国学生常见的三个汉语发音偏误，探讨这些偏误出现的原因，并给出纠正的方法。

（2）要做出简洁清晰的 PPT。

（3）报告时长在 5 分钟左右，之后有 3 分钟提问和交流时间。

（五）诗歌练习

《题西林壁》（宋）苏轼

横看成岭侧成峰，远近高低各不同。不识庐山真面目，只缘身在此山中。

这是一首七言绝句，是作者苏轼游览庐山后的感悟。前面两句的意思是：从正面、侧面看庐山，山岭连绵起伏、山峰耸立；从远处、近处、高处、低处看庐山，庐山呈现各种不同的样子。这两句是写景。后面两句的意思是：我之所以认不清庐山真正的面目，是因为我自身处在庐山之中。这两句揭示了一个哲理，身在其中看待事物或者问题就很难客观。

这首绝句既是写景诗，也是哲理诗，之所以从不同的方位看庐山会有不同的印象，原来是因为"身在此山中"；也就是说，只有远离庐山，跳出庐山的遮蔽，才能全面把握庐山的真正样子。

反复朗读这首诗歌，体会古诗的节奏和旋律感，避免一些容易出现的发音偏误，比如 ch（成）和 c（侧）的混淆，把三声误读为二声（远近，只缘）等。

（六）报告示例

**俄罗斯人学习汉语发音的
难点及解决对策**

四上语音汉字教学 4701 班
列娜、娜斯佳、木兰
2021. 11. 23

1. 送气清塞音读成不送气

送气清塞音：p，t，k。

最好的纠音方法是吹纸演示：

p 双唇闭合，形成阻塞，口腔突然张开，气流很快冲出

t 舌尖抵住上齿龈，形成阻塞，气流突然冲出口腔

k 舌尖抵住下齿，舌面抬起抵住硬腭后部，形成阻塞，气流突然冲出口腔

考试通过了
kǎo shì tōng guò le

列娜

2. j读成d，q读成t

送气清塞擦音：q；不送气清塞擦音：j。

教学方法是母语和汉语近似音对比：

q
- 舌头放在下齿，把舌面抬起抵住硬腭，发音完全阻碍，不完全打开
- 接近俄语的ч

j
- 舌头放在下齿，把舌面抬起抵住硬腭，发音完全阻碍，不完全打开
- 接近英语的j（jam）和lg（gym）或者俄语的дзь/цзь

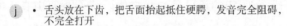

娜斯佳

3. 后鼻音韵母读成前鼻音韵母

后鼻音ing读成前鼻音in。

教学方法是对比法：

in
- 舌尖鼻韵母，发音时，舌尖抵住上齿龈

ing
- 舌尖鼻韵母，发音时方法与in相同，不同的是发ing时舌根抵住软腭，当气流通过鼻腔时
- 振动更强烈

木兰

第九章 "词汇语法教学"课程思政指南

一、课程信息

课程学分：4

面向专业：汉语国际教育专业

课程性质：学科基础必修课

使用教材：万艺玲、郭姝慧，《词汇语法教学》，自编讲义

辅助教材：万艺玲，《汉语词汇教学》，北京语言大学出版社，2010年版；李德津，《汉语语法教学》，北京语言大学出版社，2009年版

先修课程：现代汉语词汇、现代汉语语法

并修课程：无

后续课程：无

二、课程简介

本课程是外国留学生汉语国际教育专业本科四年级（上）的必修课程。本课程属于特殊的语言教学技能课，以介绍现代汉语词汇及语法的教学法为主要教学内容。

该课程是为外国留学生开设的汉语作为第二语言的语言要素教学课，与教母语是汉语的中国学生的词汇语法教学课有所不同，一定程度上仍承担语言教学的任务，注重培养学生运用汉语的能力。但该课程主要以语言教学中词汇、语法这两个要素的基本理论、原则为基础，将其在教学实践中的具体教学方法、教学技巧和应注意的问题作为教学重点，并通过大量实例，采取理论与课堂教学实践、实例相结合的方式，使学生尽快掌握将汉语作为第二语言教学所需要的基本知识和基本方法，为进一步提高汉语教学水平打下基础。该课程兼具知识获得和技能训练的双重任务，但有别于汉语听说读写等语言技能训练课，在传授词汇语法教学法相关知识的同时更侧重学生汉语教学技能的培养。

三、选课建议

该课程要求学生已掌握一定的现代汉语词汇、现代汉语语法知识，建议本科四年级第

一学期汉语国际教育专业学生研修该课程。

四、课程任务和教学目标

（一）思政目标

（1）增强学习汉语的兴趣，提高传播汉语的技能，在传播汉语词汇语法知识的同时传播中华文化、发扬中华传统，使学生理解文化不仅可以习得，也可以通过学习获得。

（2）通过学习汉语词汇知识了解中国社会主义核心价值观，维护富强、民主、文明、和谐的国家，爱护自由、平等、公正、法治的社会，遵循爱国、敬业、诚信、友善的个人价值准则。

（3）拓宽学生的国际视野，培养知华友华的汉语海外师资；通过词汇教学和语法教学使学生了解中国与所在国的语言文化与渊源，倡导世界和平。

（二）教学目标

该课程的教学目标主要分为知识目标和能力目标两个部分。

1. 知识目标

（1）掌握现代汉语词汇及现代汉语语法的特点。

（2）熟悉各类词汇及各类语法结构在语言表达上的作用。

（3）掌握现代汉语词汇及语法教学的教学原则、教学环节、教学方法和技巧以及其他注意事项。

2. 能力目标

（1）能够利用现代汉语同义词的辨析方法指导学生辨析具体的词语。

（2）能够利用语法分析方法指导学生分析语法结构并辨析同形异义格式等。

（3）能运用偏误分析的方法和理论，分析二语学习过程中出现的偏误问题。

（4）能在实际的课堂教学中准确、有效地处理好词汇教学的内容，能对汉语中重要语法点进行教学实例演示，能够撰写词汇语法讲练教案。

五、课程基本内容及要求

词汇语法教学课程思政教学遵从顶层设计思想，从"传播中华文化、发扬中华传统""了解社会主义核心价值观""知华友华、倡导和平"几个维度构建词汇语法教学课程思政教学大纲，将课程知识点与课程思政元素一一对应，有机融合。

知识单元	知识点	课程思政的教学知识点
词汇教学第一章 汉语词汇系统及其特点（约3课时）	1. 教学内容 （1）了解词和词汇的区别，区分基本词汇和一般词汇，掌握一般词汇的六个来源。 （2）掌握汉语词汇的五个基本特点。 （3）了解什么是词义，掌握词义包含的内容，了解词义的单位，掌握一词多义现象。 2. 教学重点 （1）一般词汇有六个来源。 （2）汉语词汇的五个特点。 （3）一词多义现象。 3. 教学难点 （1）词汇发展过程中的双音节化倾向。 （2）词义中本义和基本义的区分。 4. 教学要求 （1）能够利用所学知识判断词汇的来源。 （2）能对多义词的义项做出具体分析	传播中华文化、发扬中华传统。 课堂讲授一般词汇的来源时引入中国方言示意图，介绍各地方言，强调包容和融合的重要性。让学生认识汉语言词汇历史的源远流长，了解中国地理风貌和各地语言风貌。汉语通过"书同文"融合了各地域，克服了方言的障碍，同时普通话与方言的融合体现了多元性和包容性，这跟中国文化的海纳百川是一脉相承的。 通过课后文献查阅方式让学生进一步接触方言文化，了解新词文言词，增强对汉语言包容性和中国文化中包容性的理解，加强对中国作为四大文明古国之一的认识
词汇教学第二章 汉语词汇教学的任务（约2课时）	1. 教学内容 在有关汉语词汇知识的指导下，掌握一定数量的汉语词汇的音、义、形和基本用法，培养在语言交际中对词汇的正确理解和表达能力。 （1）任务一："识词"教学。识别词语的音义形，了解汉字几千年的历史，加深对中华文化的认同；掌握词语的附属色彩，通过感情色彩的识别，宣扬积极进取的价值观。 （2）任务二："用词"教学。学生能通过用词了解汉语文化中的语言交际功能和非语言交际功能，加深对中华文化中表达基本价值观念词语的理解。 2. 教学重点 词汇教学的两大任务。 3. 教学难点 用词综合考虑的方面。 4. 教学要求 学生能够根据具体的交际环境，从语义表现、句法要求、语用得体等各个方面，综合权衡已经掌握的词语并最终加以选用，组词造句	传播中华文化、发扬中华传统；了解社会主义核心价值观。 课堂讲授词汇教学的任务时，可以以中华传统文化中的一些难词作为例证引入，既宣扬了终身学习的教育观念，也同时传播了中华文化，引起学生对中华文化的兴趣。 通过课后文献查阅方式让学生了解词语的感情色彩，引导学生传递或表达恰当的信息，了解中国语言对世界文化的贡献

续表

知识单元	知识点	课程思政的教学知识点
词汇教学第三章 汉语词汇的选择 （约 3 课时）	1. 教学内容 （1）第二语言学习者对目的语的词汇只要求掌握 5%。通过认识汉语词汇数量的庞大，了解汉语言文化发展在世界文化中的地位。 （2）了解初中高不同等级不同技能要求掌握的词汇量。要求学生提高并保持汉语学习的动力并能在不同阶段取得与其水平相当的成绩。 2. 教学重点 （1）不同级别词汇选择的理据。 （2）汉语教学词汇的选择原则。 3. 教学难点 不同言语技能对词的掌握的不同要求。 4. 教学要求 （1）能够根据现有词汇确定词汇教学所属的阶段。 （2）能够根据学生水平选择合适的汉语教材	了解社会主义核心价值观。 课堂讲授、视频学习、提问、课后自学、文献查阅。 通过课堂讲授和提问的方式融入对学生汉语学习动力的触发，提醒学生不管在哪个词汇学习的阶段，都要抱有学习汉语的热情，掌握丰富的词汇，扩大词汇量以实现汉语水平质的飞跃
词汇教学第四章 汉语词汇教学的基本原则（约 8 课时）	1. 教学内容 （1）在具体语境中进行词汇教学。 （2）重视语素在词汇教学中的作用。 （3）重视义项在词义教学中的重要性。 （4）词汇教学的阶段性。 （5）词汇教学的重现与复习。 2. 教学重点 （1）词不离句的原则。 （2）语素的猜词功能。 （3）义项的重要性。 3. 教学难点 不同义项可能具有的不同词性不同附属色彩不同近义词反义词等。 4. 教学要求 （1）能够为词语设计合适的语境。 （2）能够根据现有词汇确定词汇教学所属的阶段。 （3）能够通过语素猜测词义并扩大词汇量	了解社会主义核心价值观。 课堂讲授词汇的语境时引入合适的宣扬社会主义核心价值观的语境，不论是多义词的讲解还是虚词的讲解，都可以设计积极的正面的向上的语境内容。比如爱国敬业诚信友善的个人准则，如学习抽象的虚词"除了"，就可引入如下语境，如"他除了人品好对人友善，还非常敬业"

续表

知识单元	知识点	课程思政的教学知识点
词汇教学第五章 汉语词汇教学的技巧及其方法 （约12课时）	1. 教学内容 （1）掌握展示词语的方法：展示词语的顺序，展示词语的方法及技巧。 （2）掌握讲解词语的方法：母语法、形象法、汉语法。 （3）掌握练习词语的方法：识别词语的练习、辨别词语的练习、应用词语的练习。 通过汉语法讲解词语的方法有用近义词或反义词释义以及根据汉字字形猜测字义、根据汉语语境猜测词语的意义等。 2. 教学重点 （1）解释词义的方法。 （2）讲解词语用法的方法及技巧。 3. 教学难点 （1）解释词义的方法的选择。 （2）讲解词语用法的方法。 4. 教学要求 学生能根据指定的课文选择词语教学的方法，并设计出词语教学的讲练教案	传播中华文化、发扬中华传统；了解社会主义核心价值观；知华友华，倡导和平。 通过课堂讲授学生了解了词汇教学的技巧及其方法后，可让学生观摩优秀的词汇教学视频。比如《把蜡烛插在蛋糕上》一文的教学，可通过词汇教学让学生体验中国普通百姓的幸福生活，了解汉文化中的社会结构和人际关系，了解汉文化中的交际礼仪与习俗，进一步激发学生学习汉语的热情和兴趣。 教师在选择词汇练习例句时可多选取宣扬社会主义核心价值观的词语或语境，根据汉字字形猜测字义可以让学生认识汉字的悠久历史，认识到汉字对世界文化所做的贡献
词汇教学第六章 辨析近义词语的方法（约4课时）	1. 教学内容 （1）从词语的意义入手。 （2）从词语的附属色彩入手。 （3）从词语的用法入手。 从词语的三个角度入手辨析近义词语，都可以通过具体的词语例证宣扬社会主义核心价值观。比如让学生辨析富强和富裕的差别，其实就是从词义的侧重点方面区分近义词。 2. 教学重点 （1）词义包括哪些内容。 （2）如何判断词的感情色彩和语体色彩。 （3）如何确定词的语法功能。 3. 教学难点 如何找到辨析近义词语的角度。 4. 教学要求 学生能够根据辨析近义词语的方法具体地辨析某一组词语	了解社会主义核心价值观。 通过课程讲授了解辨析近义词语的方法后，可让学生课后自学，查找到有相同语素的词语后让其进行辨析。比如"公平"和"公正"的差别，再如"寄生虫"在不同语境下的不同感情色彩。了解敬业的重要性，从而引导学生树立正确的人生观和价值观

续表

知识单元	知识点	课程思政的教学知识点
语法教学第一章 现代汉语语法及其主要特点（约4课时）	1. 教学内容 汉语语法的主要特点： （1）缺乏狭义形态。 （2）语序和虚词是重要的语法手段。 （3）含有丰富的量词。 （4）部分语法结构的成立与否受到韵律的制约。 2. 教学重点 （1）语序和虚词是重要的语法手段。 （2）量词的特定性。 3. 教学难点 汉语缺乏狭义形态并不等同于汉语没有狭义形态。 4. 教学要求 （1）学生能够对句中不同虚词的作用进行描述。 （2）学生能够比较汉语语法和母语语法的差异	传播中华文化、发扬中华传统。 通过课堂讲授使学生了解缺乏狭义形态的语言和狭义形态丰富的语言并无优劣之分，了解语言文化的多元性动态性和互相渗透性。 通过课后文献查阅方式让学生了解母语语法与汉语语法的差异，帮助他们拓宽思维和视野，培养由不同文化因素所达成的思维整合能力。通过让学生体会汉语的韵律之美节奏之美，从而体会到语序在汉语中的重要作用。语序使得汉语灵活多变，饱含变化和灵动之美。通过汉语语法的学习，学生更加热爱汉语，更加想了解和亲近中国文化
语法教学第二章 现代汉语语法的基本教学内容（约6课时）	1. 教学内容 现代汉语语法的基本教学内容： （1）词素。 （2）词：词的构造方式和词类问题。 （3）词组：词组的结构关系和功能类型。 （4）句子：句子的内部构成，句子的外部分类。 （5）语篇。 2. 教学重点 （1）词类问题。 （2）句子的内部构成和句子的外部分类。 3. 教学难点 词组的结构关系。 4. 教学要求 （1）学生能根据语法功能判定词性。 （2）学生能判定句子所属的类别	传播中华文化、发扬中华传统。知华友华、倡导和平。 通过课堂讲授和提问以及学生完成课后作业和阅读文献的方式，让学生充分了解现代汉语语法的基本教学内容，使他们能够理解学习汉语的价值，主动培养学习汉语的兴趣。掌握汉语语法后，能够透过语法了解中国的文化现象并对其进行解释。 通过了解汉语语法的基本教学内容，能够对汉语这一语法系统有更为深入的了解，了解语言是文化的重要组成部分。比如根据汉语主语更像主题的特征，对于同一事件，汉语可以提取不同的主题作为主语形成合适的表达，促进人际交往和互动。学习中国人的变通和灵活的思维习惯，了解中国人包罗万象的文化传统

续表

知识单元	知识点	课程思政的教学知识点
语法教学第三章 现代汉语语法教学的原则（约4课时）	1. 教学内容 （1）交际性原则：重视句子教学；考虑使用频率。 （2）循序渐进原则：分阶段教学；由易到难。 （3）实践性原则。 2. 教学重点 （1）交际性原则中的重视句子教学。 （2）循序渐进原则的分阶段教学。 （3）实践性原则的精讲多练。 3. 教学难点 循序渐进原则的由易到难。 4. 教学要求 要求学生能够在教学中遵循原则，在原则的指导下进行具体教学实践	了解社会主义核心价值观。 知华友华，倡导和平。 　　通过课堂讲授和提问，加深学生对实事求是精神的理解，以及对理论联系实际思想的践行。并能将实事求是的精神贯通于不同学科的学习之中，引导学生实事求是，正确认识中国与所在国的关系，认识其共性和差异。 　　语法教学中的交际性原则，实际上是让学生充分了解汉语文化中语言的交际功能，可以使学生在真实交际中逐渐注意并遵守汉语交际的基本礼仪。语法教学的循序渐进原则，其实是对实事求是精神的一以贯之，任何成功都不是一蹴而就的，而是螺旋式前进达成的。语法教学的实践性原则其实也是实践出真知的最好注解，是理论联系实际的最佳范本
语法教学第四章 现代汉语语法教学的基本环节和技巧（约10课时）	1. 教学内容 （1）语法教学环节和技巧：语法点的引入、讲解、练习和归纳。 （2）教案设计及例文分析：①时量补语的教案设计。②课文语法点分析。 可以通过具体语法点的选取让学生体验中国文化，如可能补语的讲解，"筷子夹不住乒乓球，用乒乓球拍接得住乒乓球"，既了解了语言结构，也了解了中国在经济文化科学教育体育等多领域的发展及成就。 2. 教学重点 （1）语言点引入的方法。 （2）语言点讲解的内容和讲解的方法。 3. 教学难点 语言点讲解的内容。 4. 教学要求 （1）学生可以判断一篇课文所要讲授的语言点。 （2）学生可以设计出一个具体语法项目的基本教学环节	传播中华文化、发扬中华传统。 　　通过课堂讲授和语法教学视频学习的方式让学生了解中华文化。如可通过结合"把"字句的学习来了解春节时中国家庭的布置以及一些春节习俗，如把对联贴在门上，把老人接到家里，把礼物送给亲朋好友等。掌握"把"字句不同结构的同时加深对春节习俗的理解，激发对中华文化的兴趣和进一步学习汉语的热情

续表

知识单元	知识点	课程思政的教学知识点
语法教学第五章 现代汉语语法教学的基本方法（约4课时）	1. 教学内容 （1）语法教学方法：归纳法、演绎法以及综合法。 （2）对比教学。 2. 教学重点 （1）根据语法教学顺序所做的分类。 （2）对比教学可以入手的角度。 3. 教学难点 汉语内部对比的角度。 4. 教学要求 （1）根据具体语法项目选取适合的语法教学方法。 （2）学生可对汉语中形同实异的格式进行辨析和讲解	了解社会主义核心价值观。 传播中华文化、发扬中华传统。 可以通过课后自学和文献查阅，让学生能够对前后学习的内容进行一个纵向的梳理和横向的比较分析，从而接触到各种信息；可以分辨事实和观点，初步具备运用汉语进行分析的比较全面的综合能力。通过对比教学，既可以了解中国和所在国语言结构的不同，也可以加深对两国文化习俗和思维习惯的客观认识，能够学会应用批判性的思维方式，了解两国文化中的价值观念，了解文化的多元性特征
语法教学第六章 现代汉语语法教学中常见语法偏误分析（约4课时）	1. 教学内容 （1）语法偏误的收集和鉴别。 （2）语法偏误的形式类别。 （3）语法偏误的原因分析。 2. 教学重点 （1）语法偏误的形式类别。 （2）语法偏误的原因分析。 3. 教学难点 语法偏误的原因分析。 4. 教学要求 面对某种语法偏误，学生能分辨其类型判断其成因	了解社会主义核心价值观。 知华友华，倡导和平。 语法偏误的搜集和分析其实也是一种批评和自我批评，既能反省自身的错误，也能帮助别人认识错误，是保证身心健康的法宝。通过对语法偏误的处理，培养学生有效调控自己的学习策略，增强其学习效果，使其对自己的学习、计划、监控和评估负责，能够反思自身的学习目标、学习进度和学习策略，从而减少错误的发生，克服交际中的语言障碍，促进两国人民的友好互动，进而能对未来所要教授的学习者的偏误进行甄别

六、课程思政教学设计

（一）整体思路与教学方法

词汇语法教学课程内容多、知识点细，面向汉语国际教育专业的留学生开设。该课程既需要学生有扎实的专业基础，具备一定的语言表达能力，又需要学生具备一定的专业教学技能。若学生缺乏教学实践，就容易出现闭门造车的想当然现象。因此，单纯以知识点讲解为课程目标的课程设计会让学生感觉枯燥，并且由于专业基础知识不牢极易产生畏难情绪。针对学生面临的学习困境，我们提出了"思政引领、理论提升、实践加持"的词汇语法教学理念，将课程思政、专业理论和专业实践有机结合，加强教学的针对性和生动性，提升留学生对专业的热情、对中华文化的好感度。课程典型的教学方法包括：

（1）知行合一，强化课程思政的价值引领作用，让学生反观自己语言学习的经验，通过学生学习中遇到的问题来驱动课堂。教学观摩、教学研讨等教学活动都是让学生带着问题去学习。实践出真知，让学生从做中学，帮助学生在专业课程学习的过程中塑造核心价值观。

（2）引入智慧课堂，打破时空限制。从"中国大学慕课"到"北京语言大学慕课平台"的学习通平台资源建设，从一块黑板一支粉笔到发达的信息技术，使学生懂得创新的重要性，有机会通过远程线上教学获得新知并将自己的所学和中华文化传授给同一国家的汉语学习者。学习方式的变革可以满足学生对学习时间的特殊需求，也能规避各种特殊情况对正常教学秩序的干扰。

（3）培德育才，通过知识的传授让学生能够知华友华，成为中国人民的好朋友。通过语言知识的传授和教学技能的实践，让学生沉浸在中华文化的氛围中，感受传统文化的魅力，了解社会主义的核心价值观，希冀获得技能的他们能成为国际中文教育的中坚力量，变为中国和世界友好的桥梁。

（二）课程设计展望

1. 推动发现式学习

词汇语法教学课程的目标最终是落实到教学实践的，传播中华文化往往是在语言学习的潜移默化之中。在以教学技能的掌握为目标的教学过程中，需要引导学生进行发现式学习。由问题驱动、任务驱动来引领学生进入发现式的学习，但教师也要注意正确引导学生应用专业知识，并将学生的学习引入深度。通过学习材料让学生知华友华，成为倡导世界多元和和平的友好使者。

2. 建立学习小组

小组式学习便于学生了解社会主义核心价值观，对于友善、敬业、诚信的个人价值准则塑造很有帮助，对于平等公正和谐的社会准则深有体会。学生可自愿组成学习小组或由教师根据教学任务分配组成学习小组，小组讨论既可以采用线上方式，也可以采用线下方式。根据不同的教学任务和教学要求，为学习小组布置明确的主题和任务，教师要及时引导、及时纠正学习中存在的各种问题。

3. 开展教学实践

在优秀教学视频观摩的基础上积极开展教学实践。

（1）实践任务：要求学生完成 15 分钟左右的初级汉语阶段词汇教学或者语法教学的模拟教学实践任务。

（2）实践内容：《尔雅中文：初级汉语综合课》课文。

（3）实践环节：撰写教案—模拟教学—师生评议—教学反思。

（4）实践要求：撰写教案要求设定模拟教学的教学对象水平（初级汉语阶段）和课程类型（初级汉语综合课）。模拟教学时注意教学环节的衔接，注意讲练结合，有"讲"有"练"；突出重点，"重点词重点语法"部分建议多分配一些时间。师生评议阶段要求积极参与发言，形成良性的师生互动和生生互动。教学反思阶段要求学生能在评议基础上对教案和教学做出修正，从而推出最优教学方案。

七、作业、考核方式和成绩评定

本课程要求学生按时到课，积极参加课堂提问讨论并认真完成相关章节课习题作业和讨论题作业。课程通过考勤、平时作业成绩和考试等进行综合评价。

考核环节	分值	考核/评价细则
平时成绩	40	平时成绩由学生的考勤、作业、课堂表现、平时测试构成。考勤占平时成绩的 10%，作业占平时成绩的 30%，课堂表现占平时成绩的 30%，平时测试占平时成绩的 30%
期末考试成绩	60	期末考试为闭卷笔试，时间为 110 分钟。作为语言特殊技能课，笔试应紧密围绕教学重点，考查学生对所学内容的理解和使用情况，注重对词汇语法教学知识的基本理论、教学方法和技巧的考查
总计	100	考试成绩评定实行百分制，满分为 100 分，60 分及格

八、教学设计示范

语法教学第五章 现代汉语语法教学的基本方法

（一）教学情况

（1）教学对象：汉语国际教育专业四年级本科生。

（2）课程类型：专业必修课。

(3) 所用教材：万艺玲、郭姝慧，《词汇语法教学》，自编讲义。

(4) 教学环节：1课时。

（二）教学内容

根据语法教学顺序归类的语法教学方法：归纳法、演绎法以及综合法。

（三）教学目标

1. 课程思政目标

通过语法教学方法的介绍，传播中华文化、发扬中华传统。中国人自古以来讲究实事求是，具体问题具体分析，针对同一个教学内容，根据不同的授课对象和授课要求可以采用不同的方法，却可以达到殊途同归的效果。通过小组任务学习，帮助学生树立友善、平等等核心价值观。

2. 课程教学目标

(1) 知识目标：掌握现代汉语语法的三种教学方法：归纳法、演绎法、综合法。

(2) 能力目标：能在实际的课堂教学中对汉语中重要语法点进行教学实例演示，能够撰写语法讲练教案。

（四）教学重点

语法教学方法：归纳法和演绎法。

（五）教学过程

1. 组织教学（2分钟）

点名观察学生出勤情况，培养学生诚实守信的核心价值观。

2. 新课引入（18分钟）

任务驱动发现式学习、小组学习和优秀视频观摩。通过发布任务，激发学生学习积极性和主动性；通过小组学习，引导学生在小组协作中注意人际关系，友善待人，发扬中华文化的传统。

(1) 发布的具体任务如下（3分钟）。

讨论：请阅读下列论文内容，谈谈作为第二语言学习者，你更喜欢归纳法还是演绎法？为什么？

非华裔汉语教师对语法讲解中使用归纳法的认可度（$M=3.67$）超过使用演绎法的认可度（$M=3.40$），对语法操练中进行交际练习的认可度（$M=3.93$）超过进行机械练习的认可度（$M=3.73$）。

演绎法与归纳法都是语法教学中常用的教学方法。在演绎法中，教师先展示语法结构或规则，然后举例帮助学生理解；在归纳法中，学生先接触含有某一语法规则的案例，然后教师鼓励学生寻找或归纳相应的语法规则（Ellis，1998）。整体而言，目前并没有充分的证据证明演绎法与归纳法哪个更有效，不同的研究有不同结论。王昕（2011）的研究发现在高中英语语法教学中，演绎法比归纳法更有效；马晶（2012）的研究则发现针对高中英语语法中倒装句的教学，演绎法的效果优于归纳法，但作者同时发现学生认为演绎法有助于知识的掌握，而归纳法更能提高他们对语法学习的兴趣，增强他们的自我满足感，课堂气氛也更活跃。国外汉语教学情况不一，在大部分国家和学校，汉语仍然是作为第二、第三乃至第四外语存在的，因此在课堂上让学生掌握多少语法知识显然并不如让学生对汉语感兴趣，愿意继续留在汉语课堂中更重要。也有部分国家和地区，汉语已经成为其国民教育体系中的外语课程，在升学中具有非常重要的作用。针对这一部分学生，对语法知识的掌握效果显得更为重要。

非华裔汉语教师对交际练习与机械练习的认识反映出目前对语法操练的两种不同看法。对于语法操练中应该使用交际练习还是进行机械操练，不同的专家一直有不同的看法，如 Cook、Weddell 等人都普遍反对进行机械操练，认为成人学习者应该利用他们丰富的认知能力去理解语言以及创造性地运用语言（徐宜良，2005）。但张春兴（1998）则认为机械练习是无可避免的。

进一步对语法讲解与语法操练方法之间的关系进行相关性分析，我们发现非华裔汉语教师对归纳法的认可度与对交际练习的认可度呈正相关关系（$p=0.000$；$a=0.304$），对演绎法的认可度与对机械练习的认可度呈正相关关系（$p=0.000$；$a=0.580$）。换言之，倾向于用归纳法讲解语法的教师，更倾向于在操练时使用交际练习；倾向于用演绎法讲解语法的教师，更倾向于在操练中使用机械练习。

（选自：丁安琪，《非华裔汉语教师语法教学观念分析》，《国际汉语教育》2013 年第 2 期）

（2）优秀视频观摩（15 分钟）。

选取采用不同语法教学方法的教学视频，使学生沉浸式体验不同的教学方法。总结不同教学方法的流程，可视化流程加深学生学习印象。教导学生因材施教，具体问题具体分析，发扬中华文化优秀传统。

①归纳法。

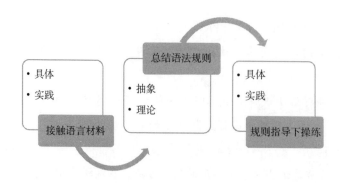

②演绎法。

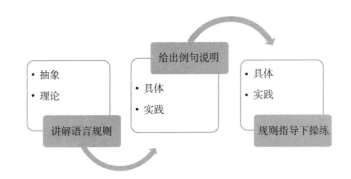

③综合法。

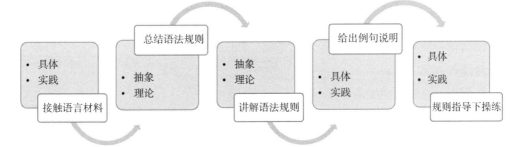

3. 小组学习讨论（20分钟）

小组成员各自先用5分钟时间复习独立阅读发布的任务和优秀观摩视频；然后在10分钟时间内各自发言谈自己的感受和想法，小组成员应互相协作互相问询，就不同意见交流看法；最后5分钟小组选一代表总结组内发言和观点。小组讨论时教师要在各小组轮流巡视，保证每位成员都能阐述自己的看法，保证学生在实践中贯彻平等的社会主义核心价值观。

4. 小组发言（8分钟）

各小组轮流选取代表在班内发言，鼓励学生畅所欲言，结合自己的学习经验谈不同语法教学方法带给自己的学习感受。教师注意及时引领学生，给学生平等地畅所欲言的机会。

5. 布置作业（2分钟）

选取《尔雅中文：初级汉语综合教程》上册的第九课《那件比这件便宜两百块》，要求学生针对课文一涉及的语法进行教案设计，选择适合该课文的语法教学方法。让学生体会从实践中来到实践中去的追求实事求是的价值观。

（六）教学后记

通过课程思政目标的引领，学生更懂得教学实践的重要性。

第十章 "汉语教学原理"课程思政指南

一、课程信息

课程学分：2
面向专业：汉语国际教育（留学生本科）
课程性质：专业必修课
教学对象：汉语学院三年级（上）本科生
使用教材：魏苹主编，《汉语教学法基础》（讲义）
先修课程：无
后续课程：汉语教学实践

二、课程简介

本课程是为三年级（上）汉语国际教育专业的本科留学生开设的，属于知识课。通过讲授汉语教学基本知识使学生了解汉语作为第二语言教学的概貌（包括总体设计、教材的使用、课堂教学方法与技巧、课程测试以及教师的基本素质、教学评估等），为将来从事汉语教学工作打下坚实的理论基础。教师主要以 PPT 的方式展示主要教学内容。以教师讲授为主，以课堂讨论为辅。强调互动式学习，启发学生积极思考和参与。

三、选课建议

该课程要求学生已经基本掌握初中级汉语听说读写基本技能，有较好的汉语言能力，已经完成本科一、二年级的课程。建议汉语国际教育专业本科三年级学生选择。

四、课程任务和教学目标

通过讲授汉语教学的基本原则，使学生了解汉语教学的性质和任务；介绍汉语教学的总体设计，使学生了解汉语教学的课程设置。如何对教材进行选择与使用，重点在于课堂教学的组织、测试等环节，以及教师素质、教学评估等基本内容，并且在讲授教学原则的同时将一些思政要点融入其中。

五、课程基本内容及要求

教学章节	详细内容与要求	课程思政教学知识点
第一章	1. 教学内容 （1）汉语教学的性质（第二语言教学）。 （2）汉语教学的任务。 （3）汉语教学的原则。 2. 教学重点 理解并掌握汉语教学的原则。 3. 教学要求 通过本章的学习，使学生了解： （1）汉语教学的性质（第二语言教学）；明确第一语言教学与第二语言教学的区别。 （2）汉语教学的任务是将学生培养成能用汉语进行交际的人才。 （3）汉语教学的具体内容包括语言要素、言语技能、言语交际技能和相关文化知识四个方面。 （4）汉语教学过程分为总体设计、教材编写、课堂教学和成绩测试四大环节。 （5）汉语教学必须遵循三项基本原则：交际性原则、以学生为中心的原则和实践性原则	树立正确的教学观： 通过讲授汉语教学的三大原则，特别是"以学生为中心"的原则，为他们——这些将来的汉语教师，树立正确的教学观念，从"以教师为中心"转化为"以学生为中心"。无论是在学习方面还是在其他方面都要牢记"一切为了学生"和"为了一切学生"以及"为了学生的一切"的教育理念
第二章	1. 教学内容 （1）汉语教学的教学类型。 （2）汉语教学的课程类型。 （3）汉语教学各类型的课程设置。 （4）汉语教学课程与课型间的关系。 2. 教学重点 汉语教学各类型的课程设置。 3. 教学要求 通过本章的学习，使学生了解： （1）汉语教学分为语言普通教育、语言专业教育和语言培训教育几种类型。 （2）汉语教学的课程分类（语言技能课、语言知识课、文化知识课和其他课程）以及课型分类，包括主要课型介绍（综合课、听力课、口语课、阅读课、写作课等）。 （3）汉语教学的阶段性（初中高三阶段）以及相同汉语水平不同课型间的关系、不同汉语水平相同课型间的关系	了解国际中文教育现状： 在学习汉语教学类型时，尽量多地介绍我国的汉语推广政策，介绍各国孔子学院和孔子课堂的开设情况，让学生不仅了解我们的孔子学院而且将来可以在本国孔子学院开展工作

续表

教学章节	详细内容与要求	课程思政教学知识点
第三章	1. 教学内容 （1）汉语教材的分类及其不同的分类角度。 （2）汉语教材的选择（科学性、针对性、实用性）。 （3）汉语教材的使用（熟悉、分析、灵活处理）。 2. 教学重点 汉语教材的选择（科学性、针对性、实用性）。 3. 教学要求 通过本章的学习，使学生了解： （1）五类不同内容的教材（综合型、技能训练型、单一功能型、语言知识型和社会文化型）。 （2）选择教材时，应该注重它的科学性、针对性和实用性。 （3）理解教材的针对性与适应面之间的对立关系。 （4）在使用教材时要注意方法，在全面熟悉的基础上准确分析，并且遇到问题灵活处理	通过教材了解中国： 在给学生分析教材时，特别强调教材中有关中国文化的内容，让学生通过本章节的学习，了解在选择教材时一定要关注教材中有关介绍中国的内容，了解中国、爱上中国。通过教材讲好中国故事
第四章	1. 教学内容 （1）汉语课堂教学的重要性。 （2）汉语课堂教学的宏观设计。 （3）汉语课堂教学的微观设计。 （4）汉语课堂教学的组织。 2. 教学重点 汉语课堂教学的微观设计。 3. 教学要求 通过本章的学习，使学生了解： （1）课堂教学在四大环节中的中心地位。 （2）如何从宏观上设计汉语课堂教学（包括汉语课堂教学的结构、了解课程内容、体现课型特点、达到教学要求、强化教学意识）。 （3）如何从微观上设计课堂教学（包括备课、课堂教学环节的把握、课堂教学方法的运用、课堂教学技巧的使用、现代教育技术的利用）。 （4）汉语课堂教学的组织技巧	强调因材施教的理念： 本章主要介绍课堂教学的重要性及具体的教学方法，包括备课、课堂教学环节的把握、课堂教学方法的运用、课堂教学技巧的使用、现代教育技术的利用等。 在讲授教学法的同时，强调"教学有法，教无定法"，要因材施教

续表

教学章节	详细内容与要求	课程思政教学知识点
第五章	1. 教学内容 （1）测试的种类（水平测试、成绩测试、能力测试）。 （2）测试的原则与方法，测试形式、题型设计等。 （3）测试与评估（试卷的评价与分析）。 2. 教学重点 测试的原则与方法，测试形式、题型设计等。 3. 教学要求 通过本章的学习，使学生了解： （1）三种测试所具有的不同目的与特点（例如 HSK、课程测试与能力测试）。 （2）测试要注意三个"适"原则：范围适合、难易适度、题量适中。 （3）考试题型的设计应该注意的问题（客观题型与主观题型的关系）。 （4）对试卷质量的评价要注意三个"度"：效度、信度、区分度	树立诚信考试的意识： 通过讲授有关考试的类型，让学生多多了解中国的汉语水平考试。多多强调考试是为了测试学生的真实水平，要实事求是，不能作弊
第六章	1. 教学内容 （1）教师的责任。 （2）汉语教师的基本素质。 （3）教师基本行为规范。 （4）优秀教师的特点。 2. 教学重点 汉语教师的基本素质和基本行为规范。 3. 教学要求 通过本章的学习，使学生了解： （1）教师要热爱汉语教学事业、勤于学习、重视修身、以学生为本。 （2）汉语教师的基本知识结构（教学理论与教学法；语言学与文字学知识、文学知识、其他文化知识）和基本行为能力（语言文字能力、课堂教学能力、组织能力）。 （3）教师基本行为规范（仪表规范、课堂规范等）。 （4）如何做学生心目中的好老师（严父+慈母+朋友，真才实学，以身作则，一视同仁，善解人意，幽默风趣……）	加强师德教育，做优秀的汉语教师： 通过本章的学习，主要培养学生热爱汉语教学事业、勤于学习、重视修身。 作为将来的汉语教师，一定要树立教师基本行为规范，要做学生心目中的优秀老师

续表

教学章节	详细内容与要求	课程思政教学知识点
第七章	1. 教学内容 （1）教学评估的概念与类型。 （2）教学评估的步骤与方法。 2. 教学重点 教学评估的步骤与方法。 3. 教学要求 通过本章的学习，使学生了解： （1）教学评估也就是对教师的评估，评估类型可分为教师自评、学生评教、专家评教、同行评教。 （2）教学评估的基本步骤分为"三大阶段"和"七个步骤"。 三大阶段：评估前—评估中—评估后。 七个步骤：明确评估目的—制定评估体系—选择评估方法—进行调查考核—总结评估结果—反馈评估结论—提出改进计划	积极参与教学评估： 在讲授评估类型，特别是学生评教时结合每学期学生对教师的评估，引导学生积极参与评估并且实事求是进行评估

六、课程思政教学设计（教学案例）

（一）整体思路与教学方法

汉语教学原理这门课理论性强，知识点多，单纯靠教师讲授，学生被动听课的话，会很枯燥，会让学生失去学习兴趣。所以我们需采用以下的教学方法：

（1）以教师讲授为主，以课堂讨论为辅。

（2）强调互动式学习，启发学生积极思考和参与。

（3）课堂讨论与课后作业相结合，鼓励参与性学习。

（4）以理论为纲、重案例分析，力求"有用""有意思"。

（5）进行实践教学，在学期中组织1~2次课堂报告，教师提前将讨论话题布置给学生，讨论话题尽量结合课程思政知识点。

（二）课程思政教学案例

1. 课堂报告的组织

为了进行实践教学，在学期中组织1~2次课堂报告。具体方式为：把班里学生分成几个小组，根据班级20人的规模，3~4人为一组。教师提前将讨论话题布置给学生，讨论话题尽量结合课程思政知识点，每组任选其中一个题目进行准备。课堂上，每组由1~2个代表进行陈述（如有遗漏之处，其他组员可以补充）。然后全组成员一起回答同学们的提问。以这种方式培养学生查找资料、小组合作、分析问题和解决问题的能力；克服只是教师讲、学生听的单调授课方式，激发学生参与的积极性。

2. 课堂报告的参考话题

（1）学生的性格、学习习惯、学习能力、学习兴趣等对学习有什么影响？哪个方面对学习成绩影响最大？怎样提高学习成绩？……

（2）学生一般对学习中的什么方面感兴趣？随着学习越来越深入，学生的学习兴趣是越来越大还是越来越小？哪些事情会影响学生的学习兴趣？怎样提高学生的学习兴趣？……

（3）什么样的学生是好学生？成绩好的就是好学生吗？学习成绩是否能反映学生学习的基本情况？……

（4）什么样的老师是好老师？老师哪方面的特点（人品、学识、态度、方法、性格……）对学生的学习最有影响？……

（5）汉语教师的教学方法对学生的学习有多大的影响？上课时教师最应该关注什么事情？……

（6）态度严格的老师+认真努力的课堂气氛和态度温和的老师+轻松随便的课堂气氛，哪一种情况对学习更有利？学生在什么状态下最容易接受知识？……

（7）课堂上多使用PPT好还是少使用好？应该怎样设计与使用PPT，你们的看法是？……

（8）课外学习与课堂学习的互补作用是怎样的？学生只完成作业就够了吗？你们对课外学习的建议是？……

（9）怎样提高留学生的汉语语感，哪些方法可以练习真实的汉语，你们认为最有效的一些方法是？……

（10）老师的提问方法应该是怎样的？学生喜欢什么样的问题，"害怕"什么样的问题？你们对课堂提问的研究是？……

（11）学生最喜欢的课有哪些特点？你们还希望学习哪些课程？你们从趣味性角度对各水平学生所学课程的建议是？……

（12）请介绍一下你们国家开设孔子学院的情况，你对孔子学院和孔子课堂的看法是？……

七、作业、考核方式及成绩评定

本课程要求学生按时到课，积极参与课堂讨论，认真完成课外作业。

本课程最终成绩由两部分组成，即平时成绩和期末考试成绩。其中平时成绩占60%，期末成绩占40%。平时成绩包括平时出勤、书面作业、课堂报告及课堂参与情况。

第十一章 "汉语教学实践"课程思政指南

一、课程信息

课程学分：2
面向专业：汉语国际教育专业
课程性质：专业必修课
使用教材：《汉语教学实践》（讲义）
辅助教材：无
先修课程：汉语教学原理
并修课程：无
后续课程：无

二、课程简介

本课程通过课堂讲授和观看教学录像的方式介绍汉语教学初级阶段、中级阶段和高级阶段各个课型的基本教学方法，重点介绍各个阶段综合课的教学方法，并通过编写教案和课堂试讲等教学实践活动帮助学生掌握汉语教学的基本方法。

三、选课建议

本课程要求学生已掌握汉语教学原理的理论知识，建议在本科三年级第二学期及以后选修。

四、课程任务和教学目标

（一）思政目标

深入挖掘汉语教学实践课程中的思政教育元素，在教学过程中结合汉语教学专业知识和教学实践，帮助学生了解汉语教学的基本方法，并通过课堂教学实践活动掌握汉语教学的基本方法。

（二）教学目标

本课程是为三年级第二学期汉语国际教育专业的学生开设的专业知识课。通过课堂讲授、观看教学录像等方式使学生全面了解汉语教学的基本方法，并通过课堂教学实践活动掌握汉语教学的基本方法。教师主要对汉语教学各阶段的综合课教学方法进行分析、讲解，结合观看教学示范课录像，使学生通过观摩、讨论与练习掌握汉语教学的基本方法。同时对听力、口语、阅读和写作等技能课进行介绍，使学生对汉语教学有全面的了解。并安排学生进行教案编写与试讲练习，通过教学实践活动掌握汉语教学的基本方法，使学生具备一定的汉语教学能力。

五、课程基本内容及要求

汉语教学实践遵从顶层设计思想，从作为国际汉语教师的社会责任感和使命感出发，带领学生在先进教学理论的指导下进行大量实际的演练，使学生在实践的基础上掌握汉语教学的基本方法，培养学生的汉语课堂教学能力。

知识单元		知识点		课程思政的教学知识点
序号	描述	描述	要求	
1	教学实践基础	授课准备：课堂教学的重要性；教案设计	理解	通过学习，让学生意识到课堂教学的重要性、意识到教师的重要作用、意识到课堂教学方法的重要性、意识到课前准备的重要性，做到认真备课。并在实际教学中落实汉语教学原则，顺利完成整个教学过程
		教学实施：课堂教学原则；课堂教学结构；教案的使用方法		
2	综合课教学实践	初级汉语综合课教学：语音阶段；语法阶段；短文阶段；中级汉语综合课教学；高级汉语综合课教学	理解	通过学习、观摩与实践，帮助学生了解课堂教学基本方法，同时学习观摩课教师关心学生、认真从教的教学态度等，为他们未来从事教师工作树立良好榜样。同时帮助学生在未来从事教师工作的道路上，注意从教学的各个环节汲取营养，帮助自己未来的学生树立正确的世界观、人生观和价值观。注意在汉语教学中传播中国文化，让学生体味汉语和中国文学文化的博大精深，培养知华友华人士，为构建人类命运共同体做贡献
3	技能课教学实践	听力课教学；口语课教学；阅读课教学；写作课教学	理解	通过学习，帮助学生在未来从事教师工作的道路上，注意从教材的优秀文章中汲取营养，帮助自己未来的学生树立正确的世界观、人生观和价值观。注意在汉语教学中传播中国文化，让学生体味汉语和中国文学文化的博大精深，培养知华友华人士，为构建人类命运共同体做贡献。

六、课程思政教学设计

（一）整体思路与教学方法

汉语教学实践课是一门以实践为主的课程。选择汉语国际教育专业的学生大都对汉语和中国文化很感兴趣，但是仅凭兴趣是不足以成为一个优秀的汉语教师的，还需要进行进一步的学习和训练。他们虽然进行了一个学期教学原理的学习，对汉语教学理论有了一定的认识；但是多数学生没有教学经历，如何让学生在理论指导之下转换角色，以汉语教师的身份进入本课程的学习，是教学的难点。实际上，每一位学生在汉语学习中都会遇到各种各样的问题，这就让这门课程可以从这类问题入手，在课堂上认真听讲、汲取营养，并就具体问题向任课教师请教，再观摩教学录像、思考教学方法、模仿并讨论，再经过任课教师有意识的引导，最终确立教学思路并找到适合自己的教学方法。本课程以"文化引导，理论支撑，问题入手"为教学理念，将思政和专业学习进行有机结合，对学生进行积极的指导，从而做到有效学习。

典型教学方法包括：

（1）线上线下相结合，优势互补，让学生深刻体会科技发展带来的学习方式变化。信息技术的发展使得线上教学成为现实，这种学习方式的变革满足了学生对学习时间的特殊需求，也很好地规避了特殊情况对正常教学秩序的干扰，同时对学生，也是未来的汉语教师提出了掌握线上教学的基本方法，进一步提高教学技能的要求。

（2）知行耦合，让学生的问题驱动课堂，强化课程思政的价值引领作用。授课、观摩、讨论、设计教案、试讲等教学活动都是让学生带着问题学习，教师可以提前准备隐含课程思政元素的一些问题，以达到在课程专业学习中实现塑造核心价值观的目标。

（3）重视师德教育，通过优秀教师的示范引导和有违师德现象的警示作用，潜移默化之中向学生灌输师德比专业知识更为重要，帮助学生建立正确的世界观、价值观和人生观，树立人类命运共同体的理念，培养强烈的社会责任意识，加深对中国和中国人民的情感认同。

（4）学习小组推动学习进程，让课前、课堂、课后各环节的学习任务得以落实。成立4~5人的学习小组，各小组选出组长，组长负责分配学习任务，督促和组织小组成员按时完成学习任务，汇报小组学习进程，完成课堂试讲，并交流学习心得。

（二）课程设计展望

（1）自主学习走向深度学习。在自主学习过程中，学生会不同程度地表现出在汉语国际教育专业、教师职业、自我身份等认知上的迷茫和不成熟。仍然需要教师对其科学世界观、核心价值观、正确方法论进行引导和塑造，系统梳理专业知识，正确运用专业知识，并将专业知识引入更深层次，形成师生学习共同体。

（2）学习小组同学之间频繁地交流学习。学期初就由学生自愿结合组成学习小组，选出组长，由组长分工，组织小组成员进行讨论，根据教学安排设计教案，并进行试讲。有了学习小组，很多学习中的问题可以在小组讨论中解决。课堂教学可以根据学生的小组学习情况进行更为有效且优质的讲授，解决疑难复杂的问题。

七、作业、考核方式和成绩评定

本课程要求学生按时上课，积极参加课堂讨论及课堂练习，认真设计教案，认真备课，积极参加最后试讲。课程通过平时表现（包括考勤、课堂练习、教案、试讲）和期末考试进行综合评价。课程成绩计算方法：平时成绩占学期总成绩的60%，期末考试（笔试）占学期总成绩的40%。

八、教案示例

说明：本教案是一份初级汉语综合课两课时的示范教案，供选修本课程的学生参考使用，让学生从教案中学习并体会课堂所讲授的教学原则和教学方法，并在落实思政目标上给予具体指导。

学习汉语的苦与乐

第3、4课时教案

任课教师：魏新红

【课程类型】初级汉语综合课。

【使用教材】《尔雅中文：初级汉语综合教程》（下）第7课。

【教学对象】汉语言本科专业一年级（下）留学生，所掌握的词汇量为1500词左右。

【教学目标】

（1）通过课堂学习，学生掌握词语和语言点的用法，能顺利完成课堂练习和课后练习、能流利朗读课文、能就课文内容进行提问并回答、能用本课所学词语和语言点复述课文。

（2）通过课堂学习，学生有与自己学习汉语经历进行对比的欲望，主动表达自己的想法与观点。

【思政目标】通过学习，学生了解与本课内容有关的汉语语音。比如声调（汤、糖、躺、烫）、汉字（木、林、森、休）、文化（孔子和孔子的名言：三人行，必有我师；言必信，行必果）等方面的知识以及中国改革开放后的巨大变化，让学生体味汉语和中国文化的博大精深，加深对中国的理解，增强对中国和中国文化的情感认同。

【教学内容】话题：汉语学习。

（1）词语42个。

（2）重点词6个：多么、实在、变、确实、掌握、体会。

（3）语言点：①经过……，……；②如果……（的话），……。

【教学重点和难点】

（1）重点词：多么、实在、变、确实、掌握、体会。

（2）语言点：经过……，……。

（3）课文。

【教学方法】

（1）遵照"生词—重点词—语言点—课文—练习"的顺序进行，注意环节之间的铺垫与衔接，力求各个环节自然过渡。

（2）合理使用计算机多媒体辅助教学。

（3）设计有针对性的小组活动，鼓励学生合作学习。

（4）精讲多练，听说领先，讲练结合，同时加强汉字的读写训练，注重成段表达。

【教学时间】全课共六课时，分为三讲。每讲两课时，约100分钟完成。

第1、2课时：热身活动；

　　　　　　词语1~42；

　　　　　　重点词讲练；

　　　　　　导入课文。

第3、4课时：复习词语、做词语的课堂练习；

　　　　　　语言点"经过……，……"和"如果……（的话），……"的讲练；

　　　　　　学习课文及成段表达练习。

第5、6课时：复习课文；

　　　　　　自由表达练习；

　　　　　　课后练习讲解。

【教　　具】

（1）图片类：词卡等。

（2）媒体类：图片等。

【教学步骤】

（一）教学时间安排和分配

（1）组织教学及热身活动（约5分钟）。

（2）复习词语（约20分钟）。

（3）学习新课（约70分钟）：

①语言点（约20分钟）。

②课文（约50分钟）。

（4）小结（约3分钟）。

（5）布置作业（约2分钟）。

（二）组织教学及热身活动（约 5 分钟）

说明：通过点名、问候及热身活动引导学生集中注意力，快速进入课堂状态。由于这是本课的第二次课，热身活动采用教材热身活动的一部分——绕口令练习（有所删减），加强学生平舌音和翘舌音的对比练习。另外利用上次课所学的词语"甜"，并扩展其他味觉形容词"酸""苦""辣"，前面加上副词"很"，进行双音节定调练习，主要目的是练习半三声，也要注意练习三声变调，为复习生词和学习课文打下良好的基础。

思政目标：让学生体味汉语的韵律美，提高学习汉语的兴趣。

热身活动：利用 PPT。

绕口令练习

四是四，十是十，十四是十四，四十是四十。

声调练习

很+酸

甜

苦

辣

（三）复习词语（约 20 分钟）

思政目标：教师在复习的每个环节注意正面引导学生，让学生用所学的生词说出富有正能量的句子和故事，提高学生学习汉语的兴趣。

（1）出示词语卡片，让学生认读，用启发的方式引导学生说出搭配和句子。

（2）最后集体认读一遍。

（3）利用 PPT，做书上的词语练习，公布练习答案。让两个学生读自己编的故事，教师讲评。

练一练1：用"多么 实在 变 确实 掌握 体会"填空。

（1）我<u>确实</u>认识他，他是我的中学同学。

（2）那个小伙子长得<u>多么</u>帅啊！

（3）好几年没见了，她<u>变</u>漂亮了。

（4）我那个时候很小，很难<u>体会</u>到父亲的辛苦。

（5）他这个人很<u>实在</u>，人品很好。

（6）时间<u>掌握</u>在你自己的手里。

练一练2：用本课所学的词语填空。

父母是儿女的（1）　榜样。（2）　如果父母的人品好，他们的孩子常常也很（3）　懂事；父母很优秀，孩子也更容易有（4）　自信心；父母工作时不怕（5）　苦，儿女也更愿意努力学习；父母做事时注意找到好方法，孩子学习时也会学着掌握（6）　规律。所以，父母对儿女的影响（7）　确实非常大。另外，有了孩子以后，父母也会（8）　变得更负责，做事更（9）　小心。对这个问题，做父母的人一定都有很深刻的（10）　体会。

练一练3：用本课所学的重点词编一个故事（最少用4个重点词）。

（四）学习新课（约70分钟）

1. 语言点（约20分钟）

思政目标：教师在例句的引入上特别注意正面引导学生，引出富有正能量的句子。让学生做练习时也更加注意让学生利用所给情景说出富有正能量的句子，提高学生学习汉语的兴趣。

从词语卡片 经过 和 如果 引入语言点的学习。

（1）经过……，……

引入：你认真准备，终于考上了大学。

⇨ **经过**认真准备，我终于考上了大学。

操练：你打扫房间以后，房间干净多了。

⇨ **经过**打扫，房间干净多了。

记者调查以后，发现了大家春节不回家的原因。

⇨ **经过**调查，记者发现了大家春节不回家的原因。

小结：经过 + V，……

引入：大家商量一下，我们班同学们去哪儿吃饭？大家商量以后，决定去全聚德吃烤鸭。

⇨ **经过**大家商量，决定周末去全聚德吃烤鸭。

操练：老师解释以后，我终于明白了这个词的意思。

⇨ **经过**老师解释，我终于明白了这个词的意思。

小结：经过 + 小句，……

练习：利用PPT。

练一练：完成句子。
(1) 经过认真检查，_____。
(2) 经过练习，_____。
(3) _____，大夫说他对海鲜过敏。
(4) _____，她和丈夫决定回老家工作。

(2) 如果……（的话），……

引入：明天我们出去玩儿吧！
➭ **如果**明天天气好**的话**，我们**就**出去玩儿吧。

操练：你想练习口语吗，应该怎么办？
➭ **如果**你们想练习口语，**就**应该多交中国朋友。

咱们去超市吧，你现在有时间吗？（对回答"没有时间"的同学说）
➭ **如果**你现在没时间，咱们晚上去吧。

我去你房间找你，你很忙，我说什么？
➭ 我明天再来，**如果**你现在很忙**的话**。

小结："如果"用于假设复句，表示假设条件，后一分句中常用副词"就"。"如果"后面可以加上"的话"，这一分句可以在前面，也可以放在后面。

练习：利用PPT。

练一练：完成句子。
(1) 如果他来了，_____。
(2) 如果有问题的话，_____。
(3) _____，我可以帮助你。
(4) _____，我们就去南方旅行吧。

2. 课文（约50分钟）

思政目标：教师在课文的引入、提出的问题、课文的复述练习以及最后的话题讨论上特别注意正面引导学生，让学生了解与本课内容有关的汉语语音，比如声调（汤、糖、躺、烫）、汉字（木、林、森、休）、文化（孔子和孔子的名言：三人行，必有我师；言必信，行必果）等方面的知识以及中国改革开放后的巨大变化，让学生体味汉语和中国文化的博大精深，加深对中国的理解，增强对中国和中国文化的情感认同。

导入：学习汉语累吗？有意思吗？学习汉语有苦也有乐。我们来认识一个跟你们一样，也是学习汉语的学生。她又跟你们不一样，什么地方不一样呢？她觉得学习汉语的苦与乐是什么呢？我们来看课文。

(1) 从听说入手，教师完整读一遍课文（或放一遍完整的课文录音），让学生带着问题听。

问题:"我"学习汉语后有什么变化?

(2) 学生听后回答教师的问题。

(3) 将课文分成三部分,每个部分的处理步骤基本相同,如下:

①学生按顺序个别读,教师注意纠正发音和声调。

②教师领读一遍。

③学生提出疑问,教师解答。

④学生根据课文内容提问。

⑤教师整理问题。

⑥让学生根据课文内容填表,并复述课文。

第一部分(第一自然段)——她为什么学习汉语?

问题:她为什么学习汉语?

她在哪儿学习汉语?

她学习汉语辛苦吗?

她是什么时候知道学习汉语辛苦的?

第二部分(第二、三自然段)——她觉得学习汉语的苦是什么?

问题:她为什么不住在学校宿舍?

她在路上花多长时间?

在这段时间她做什么?

她以前生活的中心是什么?

她现在生活的中心是什么?

她的孩子有什么变化?

这些变化好吗?

他的爱人说,孩子们为什么有这些变化?

第三部分(第四~九自然段)——她觉得学习汉语的乐是什么?

问题:她觉得学习汉语的乐是什么?

汉语的声调有意思吗?为什么?

汉字有意思吗?为什么?

古代汉语有魅力吗?为什么?

她还有一个什么愿望?

这个愿望实现了吗?

她在北京做什么了?

她学习汉语后有什么变化?

她自己喜欢这些变化吗?

利用PPT,给出提示词。

学习汉语的苦	我是……，不能……。所以每天我要……，放学后再……。这……对我来说非常……，我常常念……，练习……，当然有时候我也……，因为……。
	以前……是我生活的中心，现在我得把……放在……上。我发现，孩子们比以前更……了，学习也更……了。爱人说是因为……
学习汉语的乐	汉语的声调是……啊！喝的是……，甜的是……，在床上是……，热的食物……，如果你喜欢……，小心啊，你会……
	汉字确实……，可是真的……！两个木是……，三个木是……，人靠在树上是……。如果你掌握了……，你不但可以……，还能学习……
	孔子说："……行，必有……""言，行……"。用……说……的意思，这就是……的魅力
	我还有……，就是……。今年寒假，……终于……。在……，我爬了……、逛了……、尝了……、看了……，在"鸟巢"和"水立方"前我体会着……。我发现自己的心……，我喜欢……。我的同学都……，跟他们……，我变得……了

（4）对课文的篇章结构进行总结。

（5）学生自由表达练习，让一两个学生简单谈谈自己学习汉语的苦与乐，并布置为作业，让学生认真准备口头报告，下次课进行讨论。

（五）小结（约 3 分钟）

（1）语言点：经过……，……
（2）如果……（的话），……
（3）课文。

（六）布置作业（约 2 分钟）

（1）复习课文。
（2）准备话题讨论：谈一谈你学习汉语的苦与乐。
（3）准备听写句子。
（4）做课后练习。

（七）附录

1. 生词

1. 苦	2. 乐	3. 考	4. 系	5. 那时
6. 多么	7. 辛苦	8. 放学	9. 宝贵	10. 念
11. 练习	12. 实在	13. 爱人	14. 中心	15. 懂事

续表

16. 榜样	17. 声调	18. 奇妙	19. 汤	20. 甜
21. 躺	22. 食物	23. 烫	24. 如果	25. 小心
26. 变	27. 确实	28. 木	29. 林	30. 森
31. 树	32. 掌握	33. 规律	34. 深刻	35. 古代
36. 魅力	37. 首都	38. 体会	39. 巨大	40. 心
41. 自信				

2. 专有名词

1. 孔子	2. 鸟巢	3. 水立方

3. 课文

学习汉语的苦与乐

两年前，一位朋友向我介绍了美丽的中国，为了更好地了解中国，我决定学习汉语。去年夏天，经过认真准备，我终于考上了大学，成为汉语系的一名学生。从那时起，我才知道学习汉语有多么辛苦。

我是两个孩子的妈妈，不能住在学生宿舍。所以每天我要坐一个半小时的公共汽车来学校上课，放学后再花一个半小时回家。这三个小时对我来说非常宝贵，我常常念生词、课文，练习口语，当然有时候我也会睡觉，因为实在太累了。

以前爱人和孩子是我生活的中心，现在我得把更多的时间放在学习上。我发现，孩子们比以前更懂事了，学习也更努力了。爱人说是因为我给他们做出了榜样。

学习汉语也是快乐的。汉语的声调是多么奇妙啊！喝的是汤，甜的是糖，在床上是躺，热的食物很烫，如果你喜欢汤、糖、躺、烫，小心啊，你会变胖！

汉字确实很难，可是真的很有意思！两个木是"林"，三个木是"森"，人靠在树上是"休"息。如果你掌握了汉字的规律，你不但可以写好汉字，还能学习中国文化呢。

孔子说："三人行，必有我师""言必信，行必果"。用最少的字说最深刻、最丰富的意思，这就是古代汉语的魅力。

我还有一个愿望，就是去中国看看。今年寒假，我的这个愿望终于实现了。在中国的首都北京，我爬了长城、逛了故宫、尝了烤鸭、看了京剧，在"鸟巢"和"水立方"前我体会着北京巨大的变化。我发现自己的心离中国越来越近，我喜欢这样的变化。

我的同学都非常年轻，跟他们在一起，我变得更年轻、更自信，也更快乐了。

学习汉语有苦也有乐，你说，是不是乐比苦多？

下篇 文化类课程思政指南

第一章 "中国文化基础"课程思政指南

"中国文化基础"课程思政指南（上）

一、课程信息

课程学分：2
面向专业：汉语言、国际中文教育
课程性质：专业选修课
使用教材：李春雨，《中国文化基础》（上），北京语言大学出版社，2020年版
辅助教材：张英、金舒年，《中国传统文化与现代生活》，北京大学出版社，2001年版
先修课程：无
并修课程：无
后续课程：中国文化基础(下)

二、课程简介

"中国文化基础"（上）是针对有一定语言基础、想要更深入了解中国文化的留学生设置的专门性文化类课程。课程内容包括《长城》《太极拳》《京剧》《中国龙》《中国画》《孔子》《中国人的姓名》《春节》《北京城》《黄河、长江与中华文明》等中国文化中最具代表性的内容，以帮助学生了解中国文化的基本面貌，感受中国文化的悠久历史与独特魅力。

课文中的生词除配有拼音和中文解释外，尤其注重选取学生在其他课型中不常见的文化词语，以凸显本课特色。教师可以根据学生中文水平灵活选取部分课文进行课堂讲练，其余由学生自主学习。无论采取何种教学方式，本课程在总体上都提倡互动交流，并建议安排学生结合每课练习中的"今天我来讲"题目查阅文献，并制作PPT在课堂上做专题发言。此外还可采取观看相关视频、影视作品并进行讨论等教学方法。

三、选课建议

选修本课的学生应具备中级以上汉语水平（HSK等级为四级以上，至少达到三级）。建议国际中文教育专业和汉语言专业（包括各专业方向）二年级本科生选修本课。

四、课程任务和教学目标

（一）思政目标

通过本课的学习对学生进行价值塑造、知识传授和能力培养，提升学生的人文素养，丰富和加深对中国文化与世界文化的多样性、共性和差异性的感知与理解，为培养热爱和平、知华友华、一起走向未来的高端国际中文人才奠定基础。

（二）教学目标

（1）知识目标：通过学习有代表性的中国文化内容，丰富学生的文化常识，拓展中文理解和表达能力。

（2）能力目标：通过丰富多样的教学活动和中外文化对比，提升学生的跨文化意识与跨文化能力。

五、课程基本内容及要求

知识单元		知识点		课程思政的教学知识点
序号	描述	描述	要求	
1	长城	长城的规模、历史及其所代表的中华民族精神	理解	树立维护世界和平，反对侵略战争的理念；培养尊重中华文明历史、理解中华民族精神的友好感情
2	北京烤鸭	北京烤鸭的历史与"全聚德"的来历；北京烤鸭的做法与吃法	理解	通过"全聚德"的成功之道引导学生理解品德在商业经营活动中的作用；培养诚信意识、敬业精神，增进对中国美食所蕴含的文化价值观的理解
3	太极拳	太极拳的特点、功能以及所蕴含的文化哲理	理解	了解太极拳"以柔克刚"的特点；树立和谐观念；培养健康向上的生活态度
4	京剧	京剧艺术的主要特点；京剧中主要角色分类；京剧表演的方法	理解	通过多媒体展示，引导学生了解京剧艺术的特点和表演方法；丰富对中国传统艺术的感知，提高审美能力
5	中国龙	中国龙的形象和演变过程；"龙的精神"在中国文化中的意义	理解	展示中国文化奋发有为、昂扬向上的基本精神；通过中外对比，树立多元文化观，培养宽厚包容的文化品格
6	中国画	中国画的艺术特点与分类；其代表画家与作品简介；中国绘画与西方绘画的区别	理解	引导学生体会中国绘画"诗中有画""画中有诗"的艺术特色；了解中国绘画的美学特征以及对世界绘画艺术史的贡献

续表

知识单元		知识点		课程思政的教学知识点
序号	描述	描述	要求	
7	孔子	孔子的生平、主张和历史贡献；孔子最主要的教育思想及现代意义	掌握	树立平等教育观；传承中国古代优秀教育理念；培养尊师重教的中国传统文化精神
8	曹雪芹与《红楼梦》	曹雪芹的主要生平经历；曹雪芹创作《红楼梦》的背景和过程	理解	引导学生了解中国文学经典的价值与成就，通过古今对比感受中国社会的进步与发展
9	印刷术	活字印刷术的发展过程和影响	理解	了解中国古代科技成就以及对人类文明的贡献
10	中国人的姓名	中国人姓氏的起源和特点；中国人起名的习惯和规律	理解	了解中国人姓名中所蕴含的生活理想与价值观念；给学生起一个寓意美好的中国名字
11	春节	春节的传统习俗活动与文化意义	掌握	树立人与自然和谐相处的理念；培养感恩之心以及对家庭和社会的责任感
12	旗袍	旗袍的历史演变、样式特点以及所反映的审美观念	理解	通过旗袍这一文化符号反映现代中国发展成就以及对世界文化的影响；培养平等意识和开放包容的文化态度
13	中国传统婚礼	汉族传统婚礼习俗和当代婚礼习俗的变化	理解	通过婚礼习俗的变化反映中国社会的发展进步；引导学生树立正确的婚姻观
14	北京城	北京作为古都的历史；北京中轴线与城市布局特点；当代北京文化特色	掌握	树立文化遗产保护理念；丰富和加深对北京历史文化的感知和理解；培养尊重历史、文明互鉴、面向未来的态度和意识
15	黄河、长江与中华文明	黄河流域文明的特点；长江流域文明的特点；黄河文明与长江文明的不同以及对中华文明的贡献	掌握	树立正确的文明观；了解独特的地理环境对中华文明的巨大影响。通过中外对比，加深对人类不同文明共性与差异性的认知与理解，增强文明互鉴、共创未来的责任意识

六、课程思政教学设计

（一）整体思路与教学方法

1. 整体思路

知识构建与能力培养相结合。

2. 教学方法

综合运用讲授与讨论结合、中外文化对比、文本与图像结合等多种形式。此外亦可在以下项目中选择 1~3 项进行文化实践活动。例如：①学习《长城》或《北京城》后，选择一处北京的文化景点进行参观，并在课堂展示过程，交流体验。②学习《北京烤鸭》后，品尝一种京味美食，并记录自己的感受或结合自己国家的饮食进行比较。③学习《太极拳》后，可尝试练习一套太极拳（或个别动作），在课堂表演并解释动作要领、意义。

（二）课程设计展望

（1）以传统文化为主，同时与现代结合。

（2）课上与课下结合，语言与文化融合。

（3）通过课堂报告等形式，促进多元文化互动交流。

七、作业、考试方式和成绩评定

（一）作业

作业包括练习和课堂报告两部分。其中练习分客观题和主观题两大类。客观题有填空、选择、判断、连线等多种题型，主观题以回答问题、发表看法为主。课堂报告要求每个学生依据课程大纲自主选择一个题目在课堂上发表，时间为 3~5 分钟，PPT 7~10 张。之后有简短的生生互动与教师点评。

在客观条件允许的情况下，可组织学生进行参观访问活动，并以小组为单位撰写活动报告。

（二）考试方式

期末考试采取闭卷+开卷形式。闭卷部分占 70%，为客观题；开卷部分占 30%，为主观题，字数不低于 300 字。

（三）成绩评定

采用过程性评价，包括平时成绩、期中成绩和期末成绩三部分。

考核环节	分值	考核/评价细则
平时成绩（考勤 10%+作业 10%+课堂报告 10%）	30	要求：按时出勤，不无故旷课、早退，认真听讲，按时完成课程作业，积极回答问题、参与课堂讨论
期中考试（随堂测验）	20	闭卷笔试
期末考试	50	闭卷+开卷笔试（闭卷题 70%+开卷题 30%）
总计	100	综合以上要求评分

说明:

本课程大纲自 2022 年开始执行，自生效之日原先版本均不再使用。

"中国文化基础" 课程思政指南（下）

一、课程信息

课程学分：2

面向专业：汉语言、国际中文教育

课程性质：专业选修课

使用教材：舒燕《中国文化基础》（下），北京语言大学出版社，2019 年版

辅助教材：韩鉴堂，《中国文化》（第 3 版），北京语言大学出版社，2018 年版；叶朗、朱良志，《中国文化读本》，北京：外语教学与研究出版社，2008 年版

先修课程：中国文化基础（上）

并修课程：无

后续课程：文化专题讨论（三年级）；中国民俗（四年级）

二、课程简介

"中国文化基础"（下）是为北京语言大学本科国际学生二年级第二学期开设的一门文化选修课。由中国古代神话、唐诗宋词赏析、中国民间传说、中国古代建筑、中国民间音乐、中国茶文化、中国医药文化和中国古代教育等内容组成，共八课十六篇课文，分别从中国文学、艺术、生活、教育等方面展示了中国文化的丰富性、多样性与独特性。课文内容以小见大，语言由浅入深，注释言简意赅，练习紧扣主题。

教学方法灵活多样，包括讲授与讨论结合，文字、图片与音像结合等。在条件允许的情况下，教师可组织学生外出参观访问，以拓宽学生的文化视野，增进对当代中国的认知与了解，提升合作意识与自主学习能力，为高级阶段的中文学习打下坚实基础。

三、选课建议

选修本课的学生应具备中级以上汉语水平（HSK 等级为四级以上，至少达到三级）。建议国际中文教育专业和汉语言专业（包括各专业方向）二年级本科生选修本课。

四、课程任务和教学目标

（一）思政目标

通过本课的学习对学生进行价值塑造、知识传授和能力培养，提升学生的人文素养，

丰富和加深对中国文化与世界文化的多样性、共性和差异性的感知与理解，为培养热爱和平、知华友华、一起走向未来的高端国际中文人才奠定基础。

（二）教学目标

1. 知识目标

通过学习有代表性的中国文化内容，丰富学生的文化常识，拓展中文理解和表达能力。

2. 能力目标

通过丰富多样的教学活动和中外文化对比，提升学生的跨文化意识与跨文化能力。

五、课程基本内容及要求

知识单元		知识点		课程思政的教学知识点
序号	描述	描述	要求	
1	中国古代神话	《女娲补天》；《夸父追日》（4学时）	理解	了解中国古代神话产生的历史背景；理解中国文化崇尚无私奉献、自我牺牲的精神品质
2	唐诗宋词赏析	李白《静夜思》；苏轼《水调歌头·明月几时有》（4学时）	理解	体会《静夜思》与《明月几时有》所表达的思想感情以及中国古典诗词所体现的文化内涵；感受中国人对月亮、故乡和亲人的深厚情感，培养积极向上的生活态度
3	中国民间传说	《梁山伯与祝英台》；《孟姜女哭长城》（4学时）	理解	了解梁祝传说和孟姜女传说的内容与意义；引导学生将自己国家的爱情传说与梁祝传说进行对比，以此探讨中外文化的异同点，培养包容的文化品格
4	中国古代建筑	《故宫和天坛》；《传统民居与古典园林》（4学时）	理解	了解中国古代建筑艺术的特点；树立人与自然和谐相处的观念；培养文明互鉴意识和自主学习能力
5	中国民间音乐	《二泉映月》的创作背景与艺术魅力；中国民歌的民族性与地域性特征（4学时）	理解	通过音乐形式感受中国民间文化的内涵与多彩；丰富对中国文化多样性的认知；树立平等观念；进一步培养文明互鉴意识
6	中国茶文化	中国茶文化发展简史；《茶经》的主要内容以及对中国茶文化的贡献；茶叶冲泡方法与敬茶礼仪（4学时）	掌握	引导学生认识人与自然的关系，树立人与自然、人与人和谐相处的观念；培养健康向上的生活态度，不断提升自我修养与自主学习能力

续表

知识单元		知识点		课程思政的教学知识点
序号	描述	描述	要求	
7	中国医药文化	《黄帝内经》中的整体观念与辨证论治思想;《本草纲目》的编纂、成就与贡献（4学时）	理解	对比中医和西医的相同点和不同点；探讨不同文化中的养生观念；树立整体观与和谐观
8	中国古代教育	书院的特点、发展及影响；科举制度的起源、发展及影响（4学时）	理解	引导学生理解"博学之，审问之，慎思之，明辨之，笃行之"的含义；共同探讨教育的目的以及中外教育理念和教学方法的差异；培养勤奋、善思、诚信、笃行的良好品质；启发学生树立正确的人生观和教育观

六、课程思政教学设计

（一）整体思路与教学方法

（1）整体思路：知识构建与能力培养相结合。

（2）教学方法：综合运用讲授与讨论结合，中外文化对比，文本阅读与视频、音像结合等多种形式。

（二）课程设计展望

（1）传统与现代结合。

（2）课上与课下结合。

（3）语言与文化融合。

七、作业、考试方式和成绩评定

（一）作业

作业包括练习和课堂报告两部分。其中练习分客观题和主观题两大类。客观题有填空、选择、判断、连线等多种题型，主观题以回答问题、发表看法为主。课堂报告要求每个学生依据课程大纲自主选择一个题目在课堂上发表，时间为5分钟，PPT 10~12张。之后有简短的生生互动与教师点评。

在客观条件允许的情况下，可组织学生进行参观访问活动，并以小组为单位撰写活动报告。

（二）考试方式

期末考试采取闭卷+开卷形式。闭卷部分占 70%，为客观题；开卷部分占 30%，为主观题，字数不低于 400 字。

（三）成绩评定

采用过程性评价，包括平时成绩、期中成绩和期末成绩三部分。

考核环节	分值	考核/评价细则
平时成绩（考勤 10%+作业 10%+课堂报告 10%）	30	要求：按时出勤，不无故旷课、早退，认真听讲，按时完成课程作业，积极回答问题、参与课堂讨论
期中考试（随堂测验）	20	闭卷笔试
期末考试	50	闭卷+开卷笔试（闭卷题 70%+开卷题 30%）
总计	100	综合以上要求评分

说明：

本课程大纲自 2022 年开始执行，自生效之日起原先版本均不再使用。

第二章 "文化专题讨论"课程思政指南

一、课程信息

课程学分：8

面向专业：汉语国际教育专业，其他各专业

课程性质：汉语国际教育专业必修课，其他专业选修课

使用教材：史艳岚，《文化专题讨论》，自编讲义

辅助教材：张岱年、方克立，《中国文化概论》，北京师范大学出版社，2004年版；谭家健，《中国文化史概要》，高等教育出版社，2001年版

先修课程：无

并修课程：无

后续课程：无

二、课程简介

文化专题讨论课是北京语言大学汉语学院专门为汉语国际教育专业的本科留学生开设的一门文化必修课，同时也是其他各专业的选修课。该课程将文化知识学习与文化表达相结合，突出以学生为中心、以教师为指导的教学原则；提供丰富的教学资源，实行线上线下混合式教学模式，培养学生自主学习的能力；利用"翻转课堂"充分调动学生的学习积极性。本课程既能加深学生对中国文化（包括传统文化和当代文化）的认识，又能切实加强学生的口语表达和书面表达能力，同时提高学生在多元文化背景下的跨文化交际能力。

三、选课建议

该课程要求学生掌握一定的中国文化基础知识，最好在二年级选修过中国文化基础课程。建议本科三年级以上的留学生学习这门课程。

四、课程任务和教学目标

（一）思政目标

国际汉语教育的根本目标是"立德树人""培养通晓中国语言和文化的国际人才"。文化专题讨论课将中国文化的基本理念融入课程内容中，使学生了解中国文化的基本内涵、中国传统伦理道德、中国人的精神、传统文化的现代表达形式、当代中国文化的面貌，以及社会主义核心价值观。课程内容充分体现国家层面的价值目标：富强、民主、文

明、和谐；社会层面的价值取向：自由、平等、公正、法治；公民个人层面的价值准则：爱国、敬业、诚信、友善。对学生的人格培养和未来发展会有很好的促进作用。

（二）教学目标

（1）通过中国文化专题文章的阅读，拓宽学生在文化方面的知识面，了解中国文化的风貌，深刻地理解中国文化的内涵。

（2）通过课堂或现实生活中的语言实践活动，增强学生的口语表达能力。特别强调要能够对某一问题进行深入的理解、分析，并且能够进行高度的概括，表达自己对该问题的看法和观点。口语表达能力的训练包括演讲、讨论、辩论等。

（3）通过为准备口语表达而搜集整理相关资料的过程，培养学生具备初步的规范化学术写作能力。

（4）培养学生良好的道德情操和行为规范，能够进行成功的跨文化交际。

五、课程基本内容及要求

文化专题讨论课的基本内容包括：当代中国文化现象综述及评论、时代的变迁、中国人的精神和性格、中国人的朋友观、生活百态、中国古代神话故事、中国传统伦理道德、《三字经》《弟子规》《增广贤文》、中国古典小说四大名著等。所有教学内容都和思政元素紧密融合，从不同的角度给学生提供认识中国的视角，全面深入地了解中国文化和社会，从而使学生更好地理解中国、认识中国，做中外文化交流的使者。

序号	知识单元 描述	知识点 描述	要求	课程思政的教学知识点
1	中国文化面面观	当代中国文化现象综述及评论，包括文化市场化、电视文化、网络文化、少数民族文化、传统文化、基层文化、中国文化和世界等	理解并能复述	（1）通过中国官方新闻媒体认识中国，而不是盲目相信西方媒体。 （2）正确认识网络自由与网络安全，引导学生遵守中国法律。 （3）树立健康的正确的价值观，避免盲目崇拜、追星。 （4）辩证地看待传统文化：取其精华，去其糟粕。 （5）正确认识世界不同文化之间的地位及关系：平等、文明互鉴
2	时代的变迁	通过对中国不同年代的描绘，使学生了解中国改革开放的发展历程。并和自己的国家作对比	理解并能复述、评论	从中国和世界各国几十年的变迁历程，看到国家、社会、个人的发展印记，从而能够从历史变革中吸取经验教训和前进的动力。 （1）树立正确的价值观。 （2）树立正确的婚恋观。 （3）树立正确的奋斗观。 （4）树立正确的消费观。 （5）树立正确的财富观

续表

知识单元		知识点		课程思政的教学知识点
序号	描述	描述	要求	
3	中国人的精神和性格	节选辜鸿铭的《中国人的精神》、林语堂的《中国人的性格》。要求学生和自己国家人的性格进行对比	理解并能复述、评论	（1）认识到中国人的精神特质"温良"，性格特点"和平、知足、忍耐"等。要注意下面三个问题： ①正确看待典型与个别。 ②历史地看待中国人的性格。 ③辩证地看待中国人的性格。 （2）对比各国人的性格特点，找到其中的异同点。要互相理解、互相尊重、互相支持、互相包容
4	朋友观	学习两篇课文：《中国人的朋友观》；《孔子的交友观》。学生讨论：什么是真正的朋友？怎样才能交到好朋友？	理解并能复述、评论	（1）"在家靠父母，出门靠朋友""一个篱笆三个桩，一个好汉三个帮"。（朋友的重要性） （2）真诚相待、志趣相投、信义兼顾是交友的基本原则。（交友三原则） （3）"益者三友"："友直，友谅，友多闻，益矣。"（《论语·季氏》）意思是：与正直的人为友，与诚信宽容的人为友，与见多识广的人为友，那是有益的。"损者三友"："友便辟，友善柔，友便佞，损矣。"（《论语·季氏》）意思是：与装腔作势的人为友，与刻意讨好的人为友，与巧言善辩的人为友，是有害的。 学生讨论结果：结交具有高尚品质的朋友，真诚相待、诚实守信
5	生活百态	（1）了解中国人对借钱的态度。 （2）了解当下中国人的工作生活状态。 （3）通过讨论，表达学生对工作、健康与生活关系的看法	理解并能复述、评论	要有一个互相信任、互相帮助的和谐社会。避免不良思想和行为，比如缺乏诚信、欺骗、给人添麻烦、恩将仇报、思想极端、网络沉迷、忽视健康、金钱至上等。应该： （1）树立良好的社会道德，营造良好的社会风气。 （2）树立正确的金钱观。 （3）树立正确的报恩观。 （4）树立正确的事业观与健康观

续表

知识单元		知识点		课程思政的教学知识点
序号	描述	描述	要求	
6	中国传统伦理道德	中国传统伦理道德举例：公忠、正义、仁爱、中和、孝慈、宽恕	理解并能复述、评论	中国传统伦理道德是中国文化的核心，现代中国更需要发扬光大传统伦理中的积极因素，培养知礼守信、有良好道德情操、有远大理想和家国情怀的下一代。 （1）传统道德是文化传统的重要组成部分，对社会发展起着不可忽视的作用。 （2）辩证地看待中国传统伦理道德。有些内容具有时代性，并不适合当今社会，比如"愚忠"。 （3）历史地看待中国传统伦理道德，有发展变化的过程。有些传统礼仪一直保存到现在，有些也在逐渐消失
7	中国古代蒙学读物	《三字经》节选，《弟子规》节选。学生可以和自己国家的启蒙读物作对比	理解并能复述、评论	《三字经》《弟子规》中蕴含着深刻的人生道理： （1）教育的重要性。 （2）学习的重要性。 （3）孝顺父母、尊敬兄长。 （4）做人与做学问的关系。 （5）认识到榜样的力量。 （6）实现人生价值。 （7）社会需要爱。 （8）培养好的读书习惯。 学生讨论结果：每个人从小就培养良好的生活习惯、学习习惯，注重细节、与人为善、正直诚信、孝敬父母、友爱兄弟、仁爱正义，有理想有追求，成为对国家对社会有用的人才
8	如何为人处世	学习《增广贤文》中古代中国人对生活、事业、人际关系、学习、时间、善恶、成功、金钱、朋友等思想观念、行为方式的看法。学生和自己国家的观念相对比	理解并能复述、评论	通过相关句子的学习，了解中国古人为人处世、治学道德、从政经商等方面的观念。 理解重点句子的含义，并对其蕴含的道理进行讨论。 通过对各国格言警句的对比，探讨中外文化的异同。 思政目标落实在：①理解句子蕴含的哲理，树立正确的学习观、时间观、朋友观、善恶观、金钱观。以及正确处理人际关系。②辩证地看待不同的思想观念，要从不同的角度来分析问题

续表

知识单元		知识点		课程思政的教学知识点
序号	描述	描述	要求	
9	中外神话故事比较	《盘古开天辟地》《女娲造人》《女娲补天》《神农尝百草》《燧人氏击石取火》《仓颉造字》《精卫填海》《圣经故事》《希腊神话故事》	理解并能复述、评论	理解神话故事中蕴含着的中华文化精神与内核。 （1）中国文化的源头和发展虽然曲折，但又生生不息。中国神话就是中国人精神价值的体现。 （2）中国故事中蕴含着真善美的主流价值观：创造新世界、为人类造福、为人类贡献，创新精神、锲而不舍的精神、勇往直前的英雄气概。 （3）英雄崇拜与榜样的力量。盘古、神农为世界、为人类献身
10	中国古典小说——四大名著	《三国演义》《水浒传》《西游记》《红楼梦》	理解并能复述、评论	从中国古典小说中了解中国传统文化，体会人生的哲理。 （1）滚滚长江东逝水，浪花淘尽英雄。青山依旧在，几度夕阳红。自古英雄出少年，乱世出英雄。不能以成败论英雄。忠义、正直、仁德、机敏、坚韧、足智多谋、英勇善战、同生共死、肝胆相照等英雄特质。 （2）路见不平，拔刀相助。公平正义，劫富济贫。生死兄弟，同舟共济。经验教训：关键时刻选择人生之路的重要性。 （3）树立远大理想，并为之不畏艰险，争取胜利。为理想信念不惜牺牲生命。对理念信念矢志不渝。 （4）从百科全书式的故事中了解传统节日风俗、民俗、社会、人际关系、政治、经济、生活方式、饮食文化、服饰、园林艺术等。 从人物性格特点、女性的悲剧和爱情悲剧中讨论人生观和爱情观。对恋爱和婚姻有正确的认识。 讨论：父母之命、媒妁之言和自由恋爱的婚姻哪一种会更幸福

六、课程思政教学设计

（一）整体思路与教学方法

中国文化就如同浩瀚的海洋，对学生的文化教学需要遵循精选主题、言简意赅的原则。文化专题讨论课程的内容涵盖面广、知识点多。从思政的角度理出一以贯之的线索，立足于价值观的引领作用，把文化内容和思政元素紧密地融合在一起，对于学生世界观、人生观、价值观的培养和汉语学习都会有良好的促进作用。

1. 整体思路

由于本课程的类型是"阅读"+"讨论"，上课的内容分为两个方面：①学生在教师指导下进行课文预习和学习；②学生在讨论课上就感兴趣的相关话题进行讨论。本课程采用线上教学结合翻转课堂的模式，让学生成为学习的主体，教师起到指导的"领路人"的作用。

2. 教学方法

利用线上线下混合式教学模式建立"翻转课堂"。教学过程包括教师线上布置学习任务—学生根据教师的指导预习—完成线上预习练习—上课教师请学生讲解课文—学生就课文的内容展开讨论—师生共同解决问题—学生口语报告或演讲—课后作业巩固知识以及写作训练—课后学生自我评价和反馈。教师跟学生的互动贯穿在教学过程的始终，线上教学平台给师生和生生都提供了更多更便捷的互动机会。由学生来讲解课文内容，用中文来讲中国故事和不同国家的故事，教师起到指点和帮助的作用。不同文化之间的沟通和交流提高了学生上课的兴趣，在多元文化环境下的互动学习逐步形成良性循环。这门课在中国文化传播和推广方面起到了积极的作用，使学生可以具备和不同文化背景的人员顺利进行跨文化交际的能力。

（二）课程设计展望

文化专题讨论课以课程思政引领教学，引入新的 OBE（Outcome Based Education，OBE）理念。OBE 理念是一种以成果为目标导向，以学生为本的课程体系的建设理念。特点是：①成果是学生内化到其心灵深处的过程历程；②成果包括学习内容、实践能力以及价值观、情感；③成果兼顾生活的重要内容和技能，注重实用性；④"最终成果"是综合学习过程的结果，过程型评价和结果性评价相结合，全面考察学生的能力。

按照反向设计原则设计课程，首先清楚聚焦学生在完成学习过程后能达成的最终学习成果，将成果分阶段设计，并让学生将他们的学习目标聚焦在这些学习成果上，分阶段对阶段性成果进行评价。学习成果就是课程、教学、评价的设计与执行的起点，与所有的学习阶段紧密结合。

具体的课程设计展望：

（1）教师首先以成果（课程思政目标）为导向设计教学大纲和每节课的目标，帮助学生制定学习蓝图，阶段性展示学习成果，包括口语表达、书面文章、录制音频视频等。组成学习小组，互相帮助，促进掌握每一个知识点，乐于分享学习成果。

（2）不让一个学生掉队。课程设计与教学充分考虑每个学生的个体差异，在时间和资源上保障每个学生都有达成学习成果的机会。以弹性的方式匹配学生的个性化要求，让学生每个阶段都有获得感，达到学习预期。

（3）重点培养综合素质高的学生。教师鼓励学生挖掘自己的潜力，期待他们达到更高的水平。除了一般标准，还要制定具有挑战性的执行标准，增设高水平课程，鼓励学生深度学习、广度学习，以期达到学能高峰。

（4）反向设计。以最终课程思政目标为起点，反向进行课程设计，开展教学活动。教学的出发点是实现思政目标需要采取什么措施。反向设计要符合学生的实际水平，适量拔高，以达到最佳教学效果。教师对学生要有适当的评价。

（5）阶段性评价。把实现成果的过程分成若干阶段，学生每完成一个任务就会有成就感、获得感，从而有利于进入下一个阶段的学习。采用多元和梯次的评价标准，强调完成学习成果和个人的学习进步。对学生进行针对性的评价，不做横向对比。老师准确把握每名学生的学习轨迹，及时了解每个人的目标、基础和进程。

总体方案—构建教学体系，确定教学策略，学习成果逐级达到高峰。强调研究型教学模式以及个性化教学。将学生的学习进程划分成不同的阶段，并确定出每阶段的学习目标，具有不同学习能力的学生将用不同时间、通过不同途径和方式，达到同一目标。从而让每一个学生都能获得阶段性的成就感，逐步提升学习能力。

七、作业、考核方式和成绩评定

本课程要求学生按时到课堂上课。因特殊原因不能当堂上课的学生必须参加网络平台的课程，收听收看回放。学生上课前要预习课文，完成预习任务；上课时要积极参加课堂活动、回答问题、参与课上练习和课堂讨论；下课后要及时复习，完成课后作业。

课程通过考勤、课堂表现、平时作业、小组讨论、期末考试等进行过程性综合评价。课程成绩包括：考勤和课堂表现10%，平时作业和小组讨论30%，期末考试（口试和笔试）60%。

八、教案示例

中国传统伦理道德——公忠

（一）教学内容

文化专题讨论课既是一门文化课，也是一门语言技能课、跨文化交际实践课。文化专题讨论课的教材分为两个部分：《文化专题讨论》（现代篇）《文化专题讨论》（传统篇）。《文化专题讨论》（传统篇）第一讲的授课内容为"中国传统伦理道德"。中国传统道德是中华民族思想文化传统的重要组成部分，其中"公忠"是中国传统伦理道德的核心。本教案就是以"中国传统伦理道德——公忠"为主题的授课内容。

（二）教学目标

（1）了解中国传统伦理道德。
（2）中国传统文化中的"整体主义思想"和"公忠"观念。
（3）在理解"整体主义思想"和"公忠"观念的基础上进行口语表达。
（4）请学生对比自己国家的传统伦理道德，讨论在"公忠"这一点上有何异同。

(三) 教学对象

(1) 汉语学院三年级汉语国际教育专业留学生。
(2) 其他各专业留学生。

(四) 教学方法

(1) 讲授法。
(2) 提问法。
(3) 课堂讨论法。
(4) 案例分析法。

(五) 教学重点、难点

1. 教学重点
(1) "整体主义思想""公忠"的含义。
(2) 名人名言"先天下之忧而忧,后天下之乐而乐""人生自古谁无死,留取丹心照汗青""天下兴亡,匹夫有责""天下为公""我将无我,不负人民"。
(3) "公忠"和"愚忠"的对比。

2. 教学难点
(1) "愚忠":封建社会中对皇帝一个人的忠诚,不论皇帝是明君还是昏君。
(2) 为什么中国人有"整体主义思想"?
(3) "忠先于孝"。

(六) 教学时长

100分钟,两节课。

(七) 教学步骤

时长	教学内容	教学行为	思政成果
10分钟	导入话题:(视频或图片) 范仲淹:"先天下之忧而忧,后天下之乐而乐。" 文天祥:"人生自古谁无死,留取丹心照汗青。" 顾炎武:"天下兴亡,匹夫有责。" 孙中山:"天下为公。" 习近平:"我将无我,不负人民。"	用视频向学生介绍这些中国的名人名言,使学生初步了解中国传统伦理道德中"胸怀天下、心系人民"的公忠思想。 引导学生讨论: (1) 在你们的国家有没有这样的思想? (2) 有这样思想的人一般是什么样的人? (3) 有这样思想的人越多是否对国家的发展和繁荣越有好处?	《习近平谈治国理政》:"我将无我,不负人民。"体现了习近平把人民的幸福安宁放在首位,无私奉献。"我愿意做到一个无我的状态,为中国的发展奉献自己。" 《庄子·逍遥游》中说"至人无己",这是庄子心目中伟人的境界

续表

时长	教学内容	教学行为	思政成果
30分钟	课文第一部分：中国传统伦理道德概述 （1）中国传统道德（人们共同生活的行为规范和个人品德）是中华民族思想文化传统的重要组成部分，对于中国传统文化、民族心理有着巨大的影响和作用。中国传统伦理道德是中华民族思想文化传统的核心。中国传统伦理道德以先秦时期的儒墨道法（诸子百家）各家伦理道德传统为主要内容。 （2）中华民族的传统道德与中国的现代化有着密切的关系： 第一，任何一个国家的现代化都是以不同的文化道德传统和价值观念作为指导的。一个着眼于未来的民族，不会忘记自己的历史，更不会抛弃本民族的优良道德传统。各国都极力倡导和弘扬自己国家的价值观念，保持和发扬本民族的优良道德传统。 第二，现代化绝不等于抛弃传统。由商品经济的负面影响所诱发的自私自利（只关心自己、只考虑自己的利益）、见利忘义（看见利益就忘记正义）、损人利己（为了自己的利益而损害别人）的行为是有害的。拜金主义（崇拜金钱，把钱看得最重要）、享乐主义（人生最重要的是享受）和极端个人主义（以个人为中心，从来不考虑他人的利益）对中国有很大的负面影响。应该更好地弘扬民族美德。	课前已经布置学生预习课文，了解生词的意思。上课的时候首先由学生来分段朗读课文。学生读完每一段以后，教师提问生词的意思并分析本段的内容： （1）伦理：指人与人相处的各种道德准则。 （2）先秦：指秦统一以前的历史时期。一般指春秋战国时期。 （3）诸子百家：春秋战国时期有各种思想学术流派。以孔子（儒家）、老子（道家）、墨子（墨家）、韩非子（法家）为代表，形成诸子百家争鸣的繁荣局面。诸子百家是后世对先秦学术思想人物和派别的总称。"子"是对尊敬的人的称呼，"诸子"指孔子、老子、庄子、荀子、孟子、墨子、韩非子等。"百家"指各个不同的思想学派。 （4）儒家：崇尚"礼乐"和"仁义"，提倡"忠恕"和"中庸"之道，主张"德治"和"仁政"，重视道德伦理教育和人的自身修养。"入世"：修身、齐家、治国、平天下。 （5）道家：提倡顺其自然，上善若水。"知足寡欲""柔弱不争""无为""出世"。 （6）墨家：兼爱、非攻、尚贤、节俭。兼爱，即爱人如己。 （7）法家：主张以法治国，"不别亲疏，不殊贵贱，一断于法"。重视法治、教育。	中华民族是重视道德、崇尚修德的民族。习近平总书记高度重视思想道德建设，推动全社会形成崇德向善、见贤思齐、德行天下的浓厚氛围。 精神的力量是无穷的，道德的力量也是无穷的。中华文明源远流长，孕育了中华民族的宝贵精神品格，培育了中国人民的崇高价值追求。自强不息、厚德载物的思想，支撑着中华民族生生不息、薪火相传，今天依然是我们推进改革开放和社会主义现代化建设的强大精神力量。——2013年9月26日习近平会见道德模范时的讲话。 国无德不兴，人无德不立。必须加强全社会的思想道德建设，激发人们形成善良的道德意愿、道德情感。培育正确的道德判断和道德责任，提高道德实践能力尤其是自觉践行能力，引导人们向往和追求讲道德、

续表

时长	教学内容	教学行为	思政成果
30 分钟	第三，中华民族优良道德传统，对于推动中国的现代化事业具有重要意义。中国的现代化事业既包括物质方面的现代化，也包括社会结构和社会关系的现代化，特别是人的现代化。古老的东方传统文化，是维持一个国家的社会秩序、改善社会风尚、协调人际关系、增强国家凝聚力的精神力量。	（8）个人主义：一切从个人出发，把个人利益放在集体利益之上，只顾自己，不顾别人。请学生谈谈对这几个词语的理解：自私自利、见利忘义、损人利己、拜金主义、享乐主义 教师提问： 为什么说中国的现代化事业既包括物质方面的现代化，也包括社会结构和社会关系的现代化，特别是"人的现代化"？	尊道德、守道德的生活，形成向上的力量、向善的力量。只要中华民族一代接着一代追求美好崇高的道德境界，我们的民族就永远充满希望。——2013 年 11 月 24 日至 28 日习近平在山东考察时指出
20 分钟	整体主义思想： 中国传统道德的核心及一贯思想，就是强调为社会、为民族、为国家、为人民的整体主义思想。《诗经》中"夙夜在公（从早上到晚上都在为国家工作）"，贾谊《治安策》中"国而忘家、公而忘私（为了集体的利益而忘记个人的利益）"，都在强调一种为整体而献身的精神。范仲淹提倡"先天下之忧而忧、后天下之乐而乐（在百姓担忧之前先替他们担忧，在所有的人快乐之后才感到快乐）"，文天祥认为"人生自古谁无死，留取丹心照汗青（从古代到今天谁不会死呢，但是我会把我爱国的红心留在历史书上照耀史册）"，顾炎武提出"天下兴亡、匹夫有责（国家的兴盛或衰亡，每个普通人都有责任）"等，都体现了强烈的为国奉献的精神。从国家利益和	教师带领学生朗读这一段的内容，提问： 什么是整体主义思想？ 有几个关键词语来描述（为社会、为民族、为国家、为人民）？ 请学生解释这些词语： 夙夜在公； 国而忘家，公而忘私； 先天下之忧而忧，后天下之乐而乐； 人生自古谁无死，留取丹心照汗青； 天下兴亡，匹夫有责。 上面这些词语都体现了为国奉献的精神。请同学们思考一下，在你们的国家有没有类似上面内容的名人名言，请搜集并翻译成中文，准备在下一节课的时候和同学们一起分享。 补充说明一些历史时期： 南北朝：4 世纪末叶至 6 世纪	在树立道德理想方面，强调"大道之行也，天下为公"，人要"止于至善"，有社会责任感，追求崇高理想和完美人格，倡导"兼善天下""利济苍生""修身齐家治国平天下""见贤思齐焉，见不贤而内自省也"，做君子，成圣贤。我们要利用好中华优秀传统文化中的这些宝贵资源，增强人们的价值判断力和道德责任感，不断提高人们道德水平，提升人们道德境界。——2014 年 2 月 24 日习近平在十八届中央政治局第十三次集体学习时的讲话。

续表

时长	教学内容	教学行为	思政成果
20分钟	整体利益的原则出发，在个人对他人、对社会的关系上，中国传统道德强调先人后己、助人为乐，强调个人对社会尽责，强调自觉为他人、为社会、为国家。 这种整体主义思想决定了中国历史发展的主流和方向。尽管中华民族在历史上也曾经历了无数次严重的内忧外患（内有令人担忧的事情，外有敌国的进攻，指国家的内部和外部都有问题），造成国家分裂和战乱，如魏晋南北朝，五代十国，宋、辽、金、西夏同时存在的时期，但最终都实现了民族和国家的统一。国家和民族的利益同人民的生活幸福、社会稳定、生产发展、人际和谐等联系在一起。当一个社会政治清明廉洁、经济发展、社会秩序稳定、道德风尚高尚的时候，社会各阶层都会得利。	末叶，宋、齐（南齐）、梁、陈四朝先后在我国南方建立政权，叫南朝（420—589），北魏（后分裂为东魏和西魏）、北齐、北周在中国北方建立政权，叫北朝（386—581），合称为南北朝。 五代十国：唐以后，在中国北方地区先后建立政权的有梁、唐、晋、汉、周，史称五代（907—960）。同时，在南方地区先后建立了吴、南唐、吴越、楚、闽、南汉、前蜀、后蜀、南平、北汉等政权，史称十国。 总结：整体主义思想决定了中国历史发展的主流方向。在内忧外患、国家分裂和战乱之后，中国总是趋向统一。	要坚持依法治国和以德治国相结合，把社会主义核心价值观融入法治建设，完善诚信建设长效机制，加大对公德失范、诚信缺失等行为惩处力度，努力形成良好的社会风尚和社会秩序。——2020年2月5日习近平在中央全面依法治国委员会第三次会议上的讲话。 大学之道，在明明德，在亲民，在止于至善。核心价值观，其实就是一种德，也是一种大德，就是国家的德，社会的德。国无德不兴，人无德不立。如果一个民族、一个国家没有共同的核心价值观，莫衷一是，行无依归，那这个民族、这个国家就无法前进。——2014年5月4日习近平在北京大学师生座谈会上的讲话

续表

时长	教学内容	教学行为	思政成果
20分钟	"公忠"的定义： 公忠（对国家忠诚、有爱国之心）是中国传统道德最重要的规范，也是社会道德的最高原则。它的盛衰兴废（兴盛和衰亡），直接关系到天下兴亡、社稷安危（国家的安全和危险。"社"指土神，"稷"指谷神，古代君主都祭社稷，后来就用"社稷"代表国家）。 在古代典籍《尚书》《左传》中，有"以公灭私（用国家的利益来消灭个人的利益）""公家之利，知无不为（对国家有好处的事情，知道了就没有不去做的）""临患不忘国（面临灾难的时候不忘记自己的国家）"的观点。孔子提倡"忠恕（对国家忠诚、有宽恕之心）"，墨家主张"举公义，辟私怨（推举领导人应该是为了国家的利益，而不是为自己个人的恩怨。意思是应该推举有能力的人做领导）"，法家强调"无私"，道家提出"圣人无心，以百姓心为心（伟大的人没有自己的私心，把人民的心作为自己的心）"。而儒家尤为重视公忠，提倡"乐以天下，忧以天下"，弘扬"天下为公"（国家的一切都是属于人民的，不是属于个人的）、"公而忘私"（为了国家而忘了自己）的思想。"忠先于孝"（对国家的忠诚	爱国忠诚是世界各国普遍性的道德规范。 请学生讨论爱国忠诚对一个国家的重要性。是不是所有的国家都会把爱国忠诚放在第一位？ 为什么中国人认为"公忠思想"的盛衰兴废直接关系到天下兴亡、社稷安危？ 请学生们谈谈对这些词语和句子的看法： 以公灭私； 公家之利，知无不为； 临患不忘国； 忠恕； 举公义，辟私怨； 无私； 圣人无心，以百姓心为心； 乐以天下，忧以天下； 天下为公； 公而忘私。 请同学们谈谈关于"忠先于孝"的不同看法： （1）同意。对国家的忠诚比对父母的孝敬更加重要。 （2）不同意。对父母的孝敬比对国家的忠诚更加重要。 （3）两个都重要。对父母孝敬的人才有可能对国家忠诚。反过来对国家忠诚的人也一定会承担孝敬父母的责任。不过在国家危急存亡的时刻，为了自己的父母和更多父母亲的生命和安全，仁人志士、爱国英雄会将自己的生命置之度外，为	要持续深化社会主义思想道德建设，弘扬中华传统美德，弘扬时代新风，用社会主义核心价值观凝魂聚力，更好构筑中国精神、中国价值、中国力量和道德滋养。——2015年10月习近平对全国道德模范表彰活动作出的批示 人无德不立。品德是为人之本。止于至善，是中华民族始终不变的人格追求。我们要建设的社会主义现代化强国，不仅要在物质上强，更要在精神上强，才是更持久、更深沉、更有力量的。——2019年4月30日习近平在纪念五四运动100周年大会上的讲话。

续表

时长	教学内容	教学行为	思政成果
20分钟	比对父母的孝顺更重要）的思想，把忠提到最高的地位。宋明以后的进步思想家倡导为民、为国、为天下的公忠精神。公忠精神是中华民族道德的核心。	拯救自己的国家和人民而献出生命，为国捐躯。这样的先烈，是真正意义上的忠孝两全。 举例： 岳母刺字"精忠报国"； 天安门人民英雄纪念碑； 黄花岗72烈士； 秋瑾； 谭嗣同"我自横刀向天笑，去留肝胆两昆仑"。 林觉民《与妻书》； 鲁迅的诗《自题小像》中"我以我血荐轩辕"	事实充分证明，社会主义核心价值观、中华优秀传统文化是凝聚人心、汇聚民力的强大力量。只要我们坚定道德追求，不断激发全社会向上向善的正能量，就一定能够为中华民族乘风破浪、阔步前行提供不竭的精神力量。——2021年2月25日习近平在全国脱贫攻坚总结表彰大会上的讲话
10分钟	"公忠"和"愚忠"： 古代的"忠君"是指对皇帝一个人忠诚，与"忠君"思想相对的是民本思想。把对"一家一姓"的愚忠与对人民、对民族的公忠区别开来，把一朝一代的"国"与作为祖国的"天下"区别开来，提倡"天下兴亡，匹夫有责"	公忠：是指对国家、对人民、对民族的忠诚。 愚忠：是古代的时候对皇帝一个人的忠诚。"君让臣死臣不得不死。"这是盲目的奴性的顺从，而缺乏自己的道德标准。但是在封建社会，个人无法反抗君王的力量，做出这样的抉择也是出于无奈。 学生讨论： 怎么看待"公忠"和"愚忠"？在你们国家也有"愚忠"的现象吗？（日本侵华战争期间，日本国民效忠于天皇，"神风敢死队"）	要理直气壮继承和弘扬中华民族传统美德，对先人传承下来的文化和道德规范，要在去粗存精、去伪存真的基础上，采取兼收并蓄的态度，坚持古为今用、推陈出新的方法，有鉴别地加以对待，有扬弃地予以继承。——2014年2月17日习近平在省部级主要领导干部学习贯彻十八届三中全会精神全面深化改革专题研讨班上的讲话

续表

时长	教学内容	教学行为	思政成果
9分钟	扩展阅读： （1）"公家之利，知无不为，忠也。"（《左传》） 意思是：对国家和集体有好处的事情，知道了一定去做。这就是忠。 （2）"忠者，中也，至公无私。天无私，四时行；地无私，万物生；人无私，大亨贞。忠也者，一其心之谓也。为国之本，何莫由忠？"（《忠经·天地神明章》） 学生理解后讨论：在你的国家"公忠"是不是最重要的道德规范？	可以请学生谈谈他们国家有关"公忠"、爱国忠诚的名人名言或者为国捐躯的英雄故事。为了国家和人民奉献自己的生命，无私无畏，充满大爱，这样的人会流传千古英名永存。 在中国，爱国忠诚是最重要的道德规范。不过近年来也有一些"恨国党"如许可馨之流，成为典型的反面教材	要锤炼品德，自觉树立和践行社会主义核心价值观，自觉用中华优秀传统文化、革命文化、社会主义先进文化培根铸魂、启智润心，加强道德修养，明辨是非曲直，增强自我定力，矢志追求更有高度、更有境界、更有品位的人生。——2021年4月19日习近平在清华大学考察时的讲话
1分钟	总结、布置作业	（1）朗读课文。 （2）朗读并录音10个句子	我将无我，不负人民。——习近平

九、教学反馈

学生对这一课的内容有如下反馈：①内容很难，有很多古汉语的句子。但是经过老师的解释，理解这些句子的含义以后，觉得这些句子很美。以后要多用，提高自己的汉语水平。②中国人的伦理道德和我们国家差不多。我们也是把国家的利益和安危放在最重要的位置，我们国家的历史上也有很多为国家牺牲的英雄。③我最喜欢的是"天下兴亡，匹夫有责"这一句，每个人都有保护国家安全的责任。这个天下也可以是全球、世界，地球是我家，人人保护它。④如果以前学过中国历史就好了，会更好地理解这篇课文。⑤课堂讨论很有意思，了解了不同国家的人对爱国忠诚的看法。以前我认为当然爱国忠诚最重要，现在来看并不是所有的国家会这么认为。⑥希望有中国学生可以一起讨论这些问题，网上的课还是说话的机会比较少，如果能和中国人直接对话应该更好。⑦如果能用看电影、看视频的方式会更有意思，更有吸引力。（节选）

总体来说，本课内容在语言上的难度比较大，但是也贴近学生的思维，学生有话可说。所以关键因素在于首先解决学生的语言障碍，掌握重点的词语和句式，理解文章的内容，在此基础上展开口语表达，最后写书面总结。用视听说多模态的方式上课会更有成效。在讨论阶段学生对比中国和母国的传统伦理道德的异同，找到文化差异和文化趋同的部分，对自己的人生、理想、追求也有进一步的思考，有助于塑造自己的世界观、人生观和价值观。

十、教学总结

本课的内容有一部分古诗词和古文，在提前预习的部分已经给出了确切的内容解释，从而减少了学生的阅读障碍。教师在第一堂课上要多次领读，学生跟读，熟悉这些名人名言。在接下来的课上多次重复这些句子，采用多种方法加深学生的记忆。比如：请学生朗读并解释句子的含义；课堂练习中设置填空题、选择题、判断题，课后作业中要求学生提交朗读句子并解释的录音题。课程结束以后学生对这些名人名言就记忆深刻了。直接的效果可以从学生的口语发言和书面报告中看到这些句子，学生的运用准确、贴切。在整个教学过程中，OBE 的教学理念贯彻始终，成果的引领作用成效明显，学生完成了每一个阶段的任务，对自己的阶段性成果有成就感和获得感。

习近平总书记对中国传统道德有很多精辟的论述。本课程采用"明"线和"隐"线的内容叙述方法。明线是课文中介绍的中国传统伦理道德，隐线是习近平总书记的讲话，在分析课文的时候自然地融入讲解的语句中，潜移默化地让学生理解习近平总书记的治国理政思想。学生在了解中国古代传统伦理道德的同时，也认识到在今天中国传统思想焕发出新的力量，内在的动力会推动和加快中国的物质现代化和人的现代化的步伐。

第三章 "当代中国话题"课程思政指南

一、课程信息

课程学分：4
面向专业：汉语言专业（汉语言方向、双语方向、翻译方向）、汉语国际教育专业
课程性质：必修课
使用教材：刘谦功，《当代中国话题》，北京语言大学出版社，2020年版
辅助教材：无
先修课程：新闻阅读、高级汉语口语
并修课程：无
后续课程：无

二、课程简介

当代中国话题课程是为汉语学院四年级留学生开设的一门必修课。该课程以当代中国的热门话题（如城市、健康、就业、财富观等）为对象，兼顾高级阅读和高级口语表达，读与说并重，以读导入并充实说，以说检验并深化读，力图培养学生高层次的阅读与口语表达能力。

三、选课建议

由于当代中国话题课属于新闻课程之一，兼顾阅读与口语表达，且为四年级留学生（经贸方向除外）的必修课。因此，建议学生在二、三年级尽量选修新闻语言基础课、新闻阅读及新闻视听课，并从内容、语言等方面为话题课打下必要的基础。

四、课程任务和教学目标

（一）思政目标

深入挖掘当代中国话题课程中包含的思政教育元素，在教学过程中结合语言知识学习、语言技能训练对学生进行潜移默化的课程思政教育，使学生了解当代中国国情（旅行、就业、健康、城市、家庭、财富观等），实现育人目的。

（二）教学目标

当代中国话题课程是为汉语学院四年级留学生开设的一门必修课，教学目标包括知识目标、能力目标和素质目标三个方面：

（1）知识目标：掌握高级汉语教学的主要内容。
（2）能力目标：达到高层次的汉语阅读与口语表达水平。
（3）素质目标：具备用汉语进行交际时的随机应变能力。

五、课程基本内容及要求

知识单元		知识点		课程思政的教学知识点
序号	描述	描述	要求	
1	名人大家必有一场非凡旅行	文章深入考察古今中外名人大家的旅行经历，认为他们之所以能够成功，往往与他们的旅行经历是分不开的，进而证明了旅行对于成才的重要性。	理解	实践对认识的重要性： （1）实践是认识的来源。人们只有通过实践才能准确把握事物的本质和规律，形成正确的认识。比如：如果孔子没有周游列国的14年经历，他对政治理想的追求或许不会彻底放弃，如果没有14年的周游体悟，或许他在编辑整理六经时也无法达到炉火纯青的地步，从而不会出现中国传统文化的源头，不会为世界文化做出中国的贡献；如果司马迁没有游历天下，那么就无法搜集到散失在民间的史料，进而无法完成千古不朽的史学巨著《史记》，也无法形成他汪洋恣肆的文风；如果杜甫没有颠沛流离的经历，就无法造就"三吏三别"这样的历史史诗；如果达尔文没有5年环球世界的经历，也无法形成26本观察日记，《物种起源》也就无法问世。 （2）实践为认识提供了发展的动力或可能。如果刘半农没有游学欧洲，也就无法在英法等国接触到语音实验室，无法使用实验的办法研究汉语声调，正是早年游学国外，才使他成为中国实验语音学的奠基人；如果康有为没有游历他国的经历，他也就无法考察西方的议院制度，也就无法形成他晚年"世界大同"的政治思想与学术思考

续表

知识单元		知识点		课程思政的教学知识点
序号	描述	描述	要求	
2	微度假 想走就 走的 "快旅 慢游"	文章以现在比较流行的"微度假""快旅慢游"等现象为对象，探讨了旅游对于孩子、上班族、学生族的重要意义： （1）旅行陪伴，孩子成长。 （2）放空身心，工作减压。 （3）体验不同，开阔眼界	理解	1. 实践对认识的重要性 （1）实践是认识的来源。比如：牧野认为，旅游让她的心态发生了改变，让她的心态更加包容。即实践对改变一个人的人生观产生重大影响。 （2）实践是认识发展的动力。常睿的孩子在旅游过程中，对历史产生了浓厚的兴趣，并一直激励着孩子不断地探索更多的历史文化。 2. 理论与实践相结合 比如在讲"读万卷书，行万里路"时，让学生明白"读书"与"行路"之间的关系：掌握了大量的理论，但是如果没有实践，也不一定能成功；同理，只有实践，没有理论知识的学习，也同样不能获得成功。因此，正确的做法是：把理论和实践结合起来，并且做到融会贯通
3	就业观 念应与 时俱进	大学生的就业观念直接影响到大学生的就业结果。文章分析了近年来大学生就业观念中存在的问题，以及这些问题产生的原因，并提出了相应的解决对策	理解	（1）内因与外因的辩证关系。要求我们在观察事物、分析问题时，既要看到内因又要看到外因，坚持内外因相结合的观点。对内因要给以充分的重视，对外因作"一分为二"的分析。"大学生的就业观念一般受内因和外因两个因素影响。"就业观念问题的原因分析及解决办法都反映了内外因的辩证关系。 （2）用发展的观点看问题，反对形而上学静止不变的观点。"正确的、与时俱进的就业观念对大学生就业具有良好的促进作用，而错误的、墨守成规的就业观念不仅会阻碍大学生最初顺利地求职，而且会阻碍大学生在职业方面的长期发展。" 此外，还有以下思政要点需要注意：长期与短期目标相结合、人生当务实、参与志愿服务活动等

续表

序号	知识单元 描述	知识点 描述	要求	课程思政的教学知识点
4	城市要有自己的情调空间	文章阐释了城市雕塑的文化内涵与发展趋势，通过介绍中国和外国各种各样的城市雕塑，强调了在现代化过程中城市保持自己特色的重要性	理解	（1）提升学生审美素质，帮助其形成健全的人格。通过艺术中具象化的艺术形象（文中指中外有名的城市雕塑）实现学生审美素质的提高，并向其传递正确的价值观，促进学生全面发展。比如深圳的"拓荒牛"，既可以从艺术的角度让学生去领悟其中的美，也可以通过雕塑让学生理解中国改革开放之初的中国国情以及中国人勤奋耕耘的拓荒精神。 （2）加强精神文明建设。物质文明是人类改造自然界的物质成果的总和，精神文明是改造主观世界的精神成果的总和。城市不仅是物质的，更是精神的。习近平总书记指出："要发挥美术在服务经济社会发展中的重要作用，把更多美术元素、艺术元素应用到城乡规划建设中，增强城乡审美韵味、文化品位，把美术成果更好服务于人民群众的高品质生活需求。"
5	别为自己制造压力	文章探讨了压力的来源与应对办法： （1）人为什么有压力。 （2）压力是自己制造的。 （3）面对压力有三个选择	理解	（1）透过现象看本质。现象和本质是统一的，所以，我们能够通过现象认识事物的本质；同时由于现象和本质是对立的，又要求人们不能停留于现象而必须透过现象提示本质。面对五花八门的压力种类及来源，我们应该学会透过现象去探究事物的本质。只有从本质上认识压力，我们才能从根本上去释放压力。 （2）要一分为二地看待事物。事物运动发展是矛盾运动的结果，所以事物总是具有两面性，既对立又统一。它要求我们看问题时要一分为二，面对压力，既要看到压力的正面作用，也要看到它的负面作用，并且要善于利用它的正面作用，把压力转化为动力。 （3）树立正确的顺逆观。无论是顺境还是逆境，对人生的作用都是双重的，只有善于利用顺境，勇于正视逆境和战胜逆境，人生价值才能够实现

续表

知识单元		知识点		课程思政的教学知识点
序号	描述	描述	要求	
6	身心健康才是真正的健康	阐述身体健康和心理健康之间相辅相成的关系： （1）身体健康是心理健康的基础。 （2）心理健康是身体健康的保证。 （3）身体健康与心理健康是相辅相成的	理解	树立正确的健康观念。世界卫生组织根据近半个世纪的研究成果，将"健康"定义为："健康乃是一种在身体上、精神上的完满状态，以及良好的适应力，而不仅仅是没有疾病和衰弱的状态。"
7	社会在变家庭在变	在大规模调查研究的基础上，文章总结了当代中国家庭结构的特征，折射出当代社会生活的面貌： （1）家在变小：家庭规模已缩至3人。 （2）孩子变少：单身贵族或二人世界。 （3）有走有留：流动家庭和留守家庭。 （4）有分有合：直系家庭和网络家庭	理解	用发展的眼光看问题。世界上一切事物都是变化发展的，发展具有普遍性。它要求我们在方法论上，要坚持用发展的眼光看问题，反对僵化的，静止的观点。文章为读者提供的五种家庭类型仅适合于当时，未必适合于未来，尤其是随着人口政策逐渐调整和城市化进程的不断加快，家庭结构类型也可能出现更多的变化。因此，提醒学生用发展的眼光看待问题
8	家庭是社会的细胞	文章从不同的方面阐释了家庭作为社会细胞的功能与意义： （1）家庭是我们立足于社会的基础。 （2）家庭是孩子的第一个学校。 （3）家和万事兴	理解	注重家庭、家教、家风。家庭和睦则社会安定，家庭幸福则社会祥和，家庭文明则社会文明；家庭教育涉及很多方面，但最重要的是品德教育，是如何做人的教育。家风是指一个家庭或家族的传统风尚或作风。家庭是孩子的第一所学校。孩子的价值观取向决定了整个社会的价值取向，而孩子价值观的形成深受家庭环境的影响。因此要注重家庭、家教、家风

续表

知识单元		知识点		课程思政的教学知识点
序号	描述	描述	要求	
9	什么是真正的财富	文章深入考察了各种财富观：（1）君子爱财取之道。（2）我们只有一个地球。（3）财富的更高层次	理解	全面地看问题。看问题具有整体性，能看到全貌，能站在高处看问题，能统筹兼顾各个方面，能顾全大局。不同的人从不同的角度看财富，必然得出不同的结论
10	君子爱财取之道	一是正确看待金钱在生活中的价值："钱不是万能的，而没有钱是万万不能的"。二是注意获得财富的途径："君子爱财取之有道"。三是正确使用财富	理解	树立正确的金钱观，反对拜金主义。（1）正确看待金钱在生活中的地位和作用。"钱不是万能的，而没有钱是万万不能的"，反对"拜金主义""金钱至上"的观点。（2）获得金钱的手段一定是合法、正当的，做到"君子爱财取之有道"。鼓励人们通过自己的劳动诚实合法地获得财富，反对不劳而获，更不能获取不义之财。（3）正确使用金钱。引导学生树立扶危济困、互帮互爱的思想
11	我们只有一个地球	文章探讨了环境对于人类社会的重要价值，并以不可再生能源、物种多样性等话题为对象；探讨了"经济可持续发展"的重要性，得出"自然资源是真正的财富"这一结论	理解	注重生态文明建设。尊重自然，顺应自然，保护自然，引导学生形成节约资源和保护环境的生态文明观，倡导健康绿色的生活方式，推动社会绿色发展，促进人与自然和谐共生

续表

知识单元		知识点		课程思政的教学知识点
序号	描述	描述	要求	
12	财富的更高层次	财富的更高层次包括：幸福、健康、快乐、时间、能力、朋友	理解	（1）树立正确的幸福观。首先，幸福是一个总体性的范畴，是人的主观性感受；其次，实现幸福离不开一定的物质条件，但又不完全取决于物质条件。不要将幸福与金钱画等号。 （2）树立正确的时间观。时间最为公平，且有不可逆性的特性，因此，我们应该珍惜时间，不要虚度青春。 （3）树立正确的朋友观。认识到朋友的重要性，并珍惜真正的朋友。 （4）树立正确的快乐观，反对享乐主义。善于在奋斗中、平淡中去寻找快乐；同时反对享乐主义，即把享乐作为人生目的，主张人生的唯一目的和全部内容就在于满足感官的需求与快乐的思想观念

六、课程思政教学设计

（一）整体思路

当代中国话题是面向四年级本科留学生（经贸方面除外）开设的一门必修课。从语言技能来看，该课身兼高级阅读与高级口语表达两种语言技能的训练，以满足四年级的毕业论文写作、答辩以及毕业后的工作语言需要；从学习内容来看，该课因以当下新闻为学习内容而成为留学生认识中国的最佳窗口之一。

当代中国话题课程思政教学主要集中在新闻话题的教授方面。以"什么是真正的财富"这一话题为例，课文围绕着物质财富、自然资源以及包括精神财富在内的更高层次的财富进行了深入的探讨，因此教师便可以结合课文内容，或明或暗地向学生传递出以下思政内容：正确的金钱观、荣辱观，杜绝享乐主义、金钱至上；增强学生的生态意识，树立保护环境、合理利用资源的观念，理解可持续发展的重大意义；树立正确的幸福观、快乐观、时间观、健康观等。这些思政内容不是"中国特色"的教条，而是世界上每个国家每个民族都基本认同的价值观，具有很强的普适性。

总的来说，当代中国话题课程思政教学可以在以下方面实现育人目的：首先是人生道德价值观的引导。课程将在健康观、生态文明、财富观、幸福观、快乐观、朋友观、时间观以及家风家教方面对留学生的价值观加以引导，使之形成正确的价值观。其次是科学思维方法的培养。帮助留学生认识事物的对立统一、事物的普遍联系，学会全面地、发展地、一分为二地看待问题，认清现象与本质、原因与结果等，并将这些科学的思维方法运用到生活和学习中去。再次是国情教育。话题课以各大新闻传媒的新闻报道为学习内容，教师可以适时地向留学生展示中国的官方媒体，引导留学生网上文明发言，遵守中国法律等等。

（二）教学方法

教学方法，说到底是课程思政教学如何实施的问题。

1. 遵循的原则

一是显性教学与隐性教学相结合。强调显性的知识传授和隐性的思想育人一定要结合起来，并注意两者之间的"度"。

二是"润物细无声"。来自世界各地的留学生文化差异明显，价值观也不尽相同。因此，对留学生的课程思政不同于中国学生，在课堂上应该在充分考虑到各国文化不同的基础上，在尊重对方文化的基础上，对留学生进行价值观、方法论方面"润物细无声"的课程思政，切忌硬性灌输。

2. 有效的方法

一是中外国情对比。当代中国话题课虽然以中国媒体的新闻报道为学习内容，但应允许或鼓励留学生进行中外国情对比。通过"同"增强留学生的观点认同，通过"异"引发留学生对不同国情的深刻认识。比如：在学习《名人大家必有一场非凡的旅行》时，鼓励留学生举出自己国家名人的例子，一可以加深对观点的理解，二可以增加民族自豪感，使留学生更容易接受这门课。再比如，在探讨中国家庭结构时，鼓励留学生表达自己国家的家庭结构；在探讨家风家教时，鼓励留学生表达自己国家与中国的异同；在探讨雕塑对城市情调空间的营造时，鼓励留学生对自己国家城市的特点进行表达；在探讨自然资源是财富时，鼓励留学生表达自己国家是怎样对待自然资源的；在探讨健康话题时，鼓励留学生对自己国家全民健身的情况进行介绍。

二是古今文化贯通。顾名思义，当代中国话题课固然要以当下中国话题为探讨对象，但为了能够使"当下"成为合理，教师需要在古今文化的贯通方面多下功夫，不仅要让留学生知其然，更要让留学生知其所以然。比如在讲《家庭是社会的细胞》时，可以结合课文内容分析"家国同构"和"修身齐家治国平天下"的传统文化观念；在讲《君子爱财取之有道》时，结合《荀子》的"荣辱观"来深入理解"道"的内涵。析古是为了论今，我们并不主张为了讲古代而讲古代，古代只是途径，今天才是目的。

三是注重实例分析。当代中国话题课中的热门话题皆为观点性、思辨性较强的文章，对于较为抽象的观点或道理，只有结合具体的实例才能让留学生达到真正的理解。比如在讲《家庭家风家教》时，围绕"言传身教"可以以举例的形式加以解释，比如国家领导人习近平的事例。

四是合理使用视频资源。当代中国话题课阅读的文章均来自各大媒体新闻报道，如果在文字表达的基础上适当增加视频资料，既可以使枯燥的文字形象化，又可以通过新闻了解最新的中国面貌，还能活跃课堂气氛与学生的课堂参与率。比如在讲《自然资源是真正的财富》时，可以结合内容播放"极端天气""温室效应""资源保护"以及"生物的多样样"的视频片断。

七、教学案例

当代中国话题课程思政

教学对象：四年级上本科留学生
教学内容："行万里路如读万卷书"之《名人大家必有一场非凡旅行》
课　　时：第1、2课时
课程目标：
知识目标：掌握高级汉语的词汇、语法、篇章结构等
能力目标：培养高级汉语阅读能力
素质目标：使用汉语针对话题进行高级表达（交流或讨论）
思政目标：通过话题阅读，使留学生进一步认识实践对认识的重要性
教学重点：名人大家所取得的成就与其旅行的关系
教学难点：中外历史人物的经历及其成就的取得
教学方法：讲授、问答、讨论

教学过程	思政要点
一、引入（展示 PPT，请学生根据问题进行回答） （1）你喜欢旅行或旅游吗？为什么？ （2）你知道历史上的哪些名人的成就与其旅行经历是分不开的吗？ 学生：（略） 老师：旅游或者说旅行是人们最喜爱的休闲活动之一，不仅能让人放松身心，而且可以增长知识、开阔眼界乃至改变生活态度。在谈及旅行时，中国人喜欢说"读万卷书，行万里路"，足见旅行对一个人成长的重要性。今天我们就来认识一下这几位名人大家，探讨他们的成功与其旅行之间有哪些关系？（展示课文中的名人图片：孔子、司马迁、杜甫、康有为、刘半农、达尔文，让学生辨认并说出他们的成就） 	结合旅游强调实践和读书对一个人的成长来说都很重要

今天我们将随着课文去认识这些古今中外的名人大家，探讨旅行对于他们的重要意义和深刻内涵。换句话说，他们之所以能够成为名人大家，往往与他们的旅行经历是分不开的，他们在旅行中经历或者获得的一切，都成为他们终生取之不尽的营养与用之不竭的动力	
二、生词 1. 齐读生词 　　非凡、体察、天宇、诸侯国、彻底、倘若、漂泊、游历、撰写、汪洋恣肆、文风、千古不朽、瑰丽、颠沛流离、襟怀、散失、掇琐、写实、进化。 2. 重点讲解 （1）诸侯国：秦朝以前最高统治者天子对封地的称呼。 　　中国古代周朝的分封制度。古代的贵族阶层：天子、诸侯、大夫、士；其对应的领地：天下、诸侯国、家（士没有领地）。因此，春秋战国时的秦国、楚国、齐国、鲁国等都是诸侯国，这些诸侯国要听从、供奉于当时的天子，而非现代意义上的国家。  （2）倘若：注意区分"倘若"与"如果"的口语色彩。前者书面语，后者皆可。 （3）游历：注意区分"游历"与"游览"的词义特点。 前者注重过程，比如：知识的积累、心灵的感悟。 后者注重休闲，比如：参观、欣赏名胜、风景等。 （4）汪洋恣肆：形容文章、言论、书法等气势豪放，潇洒自如。 例：我喜欢草书，那种汪洋恣肆的笔法可以把人的情绪也调动起来。 （对比草书和楷书两幅书法作品，让学生体会汪洋恣肆的风格） （5）千古不朽：指永远流传，不会磨灭。（往往指一个人的精神、作品等） 例：屈原虽然是离我们很远很远的古人，但他的精神是千古不朽的。 （6）颠沛流离：穷困而流转离散，形容生活艰难，四处流浪。 例：街上的流浪汉没有家庭，没有工作，一直过着颠沛流离的生活。 （7）掇琐：掇，拾。琐，细小的事物。（书面语）拾取微小的事物，多指探索历史与文物的细微之处。如《敦煌掇琐》，即拾取敦煌研究方面的一些小事物，也就是这部书收集了很多关于敦煌研究的小文章。	

	续表
（8）写实：真实地描绘事物。反义词：写意。 例：跟写实的绘画相比较，写意的绘画更有动感。 （对比写实和写意两幅绘画作品，让学生体会写实和写意的区别）	
三、课文 解题：名人大家必有一场非凡旅行 "大家"与"名人"连在一起使用，并非我们平时所说的指很多人的"大家"，而是指在某方面取得大成就的人物。如：书法大家、文学大家。 说明：课文讲解按段进行，学生先读，然后根据阅读提示回答问题，理解课文内容。 1. 第1段 老师：请同学们快速阅读第1段，回答（展示PPT）： （1）"诗与远方"代指的是什么？ （2）作者认为哪种做法将对人才之崛起起到推动作用？ （学生阅读） 老师："诗与远方"代指什么？ 学生：……（可能没有听过这句话） 老师：中国有位音乐人曾经说过这样一句话，"生活不止眼前的苟且，还有诗和远方。"这句话的意思是：生活，不能只看到眼前，只顾着追求物质生活，生活中也有诗和远方，我们也要追求精神文化，也要探索未知的世界。在文章里可以理解为：在大家渴望将精神享受与对探索远方结合在一起的时候。 "文化之开拓"指的是什么呢？ 学生：对文化的探索、认识、理解。 老师："合为一处"指的是把什么与什么结合起来？ 学生："游"与"文化之开拓"。 老师："人才之崛起"是什么意思？ 学生：成为人才，或成才。 老师：作者认为哪种做法将对人才之崛起起到推动作用？ 学生：把"游"与文化开拓结合起来。 老师：强调"游"与文化开拓的结合对人才成长起到很大的作用。 纵观古今中外，大人物必定会有一场非凡的旅行。它强调了什么？ 学生：大人物的成长都与旅行分不开。 老师：那么旅行对于这些大人物来说，到底有哪些作用呢？且看下文。作者通过举例子的办法证明了旅行对他们成功的重要作用。请大家在学习课文的同时，注意作者举例子的逻辑顺序。 2. 第2段 老师：请同学们快速阅读第2段，回答（展示PPT）： （1）作者对旅游的看法是什么？你怎样理解？	结合古今中外的例子，理解实践对于成长的重要价值。

续表

|（学生阅读）
老师：作者对旅游的看法是什么？
学生："游"不在多走多看，人生精力有限，"游"的兴趣点应在"悟"。若能在一山一水一景之间体察到宇宙万物的变化与人生的真谛，那才算是有价值的。
老师：你们怎么理解这两句话呢？
学生："游"，不在于数量，而在于质量；"游"不在于走的长度和次数，而在于心里有所感悟。如果没有感悟，只是走马观花，那么"游"的价值就不大了。
老师：正确。"游"的真正价值是在一山一水一景之间体会观察到宇宙万物的变化与人生的真正意义，那才算是有价值的。这里的"真谛"老师是用哪个词来解释的？
学生：真正的意义。
老师：很好。为了证明自己的观点，作者后面还引用了伊朗诗人萨迪的一句话，"旅游是一条到达天宇之路。"这是什么意思？
学生：旅游可以成就一个人的理想。
老师：最后这一段的内容落脚在：那些成就大事业的人，往往是在"游"的过程中开拓自己、创造辉煌人生的。

3. 第3段
老师：请同学们快速阅读第3段，回答（展示PPT）：
(1) 孔子是谁？他为什么要周游列国？
(2) "耳顺、从心所欲、不逾矩"是什么意思？
(3) 他的主要贡献是什么？为什么说他的这些成就与周游列国的经历是分不开的？
（学生阅读）
老师：孔子是谁？
学生：春秋时期儒家学派的创始人。
老师：春秋时期，公元前770至公元前476年。孔子，鲁国人，是儒家学派的创始人。儒家学派，指的是儒家思想，它是中国传统文化中影响最大的思想，也是影响当今中国人思想的重要思想之一。值得注意的是，儒家思想自孔子创立，在不同时代都有儒家学者进行完善，所以，孔子不等于儒家思想，他只是儒家思想的创立者。
孔子为什么55岁的时候离开鲁国，开始长达14年的诸侯国周游之旅？
学生：课文中没有提到。
老师：有谁知道他出行的真正目的？是去旅游吗，欣赏别国的大好风光？是去游学吗，增长自己的见识？
学生：应该不是。
老师：虽然课文中没有提到，但为了更准确地理解孔子的理想与人生轨迹，准确理解旅行对他成就的作用，就不得不了解他周游列国的目的。
孔子长达14年的周游之旅，不是去游山玩水，也不是游学，而是推行自己的政治主张。孔子给我们的印象多是文化名人，但实际上他是一个非常想做官的人，他对于政治的热衷程度不亚于后来他对文化的研究。面对动荡的社会，他认为国君应该恢复||

周代的礼制，应该以"礼乐"治国，而不是强权杀戮。当他的政治理想在鲁国没有得以实现之后，他便开始周游列国，去游说其他的国君，希望采纳他的政治主张治理国家；然而，在那个动荡的时代，靠拳头证明实力的时代，哪一个国君会听从他不合时宜的政治主张呢？14年后，他的政治追求彻底失败，回到了鲁国，那时已经68岁。 　　那么，孔子周游列国，给他带来了什么呢？ 　　学生：长期的游历使他达到了"耳顺、从心所欲、不逾矩"的境界，让他的一颗心彻底静了下来，进入《诗》《书》《礼》《易》《乐》《春秋》六经的编辑整理工作中。 　　老师："耳顺、从心所欲、不逾矩"是什么意思？ 　　学生：听到别人的言论就可以判断出是对是错、随心所欲，但做任何事都不会违反规矩。 　　老师：这句话出自《论语》，孔子说："吾十有五而志于学，三十而立，四十而不惑，五十而知天命，六十而耳顺，七十而从心所欲，不逾矩。"意思是：我十五岁有志于学问，三十岁可以独立处事，四十岁遇事不迷惑，五十岁清楚地了解了自己一生走过的道路，六十岁一听别人的言论便可以判明是非，七十岁更是随心所欲，但做任何事都不会违反规矩。 　　最重要的是"他的一颗心彻底静下来了"。大家怎么理解这句话？ 　　学生：以前他对政治理想比较执着，周游列国让别人采纳他的政治主张，当他周游14年，政治理想破灭之后，他对追求政治理想的心彻底死了，心也就彻底静下来了。 　　老师：孔子的心彻底静下来以后，他开始从事哪些工作？ 　　学生：进入《诗》《书》《礼》《易》《乐》《春秋》六经的编辑整理工作中。 　　老师：政治理想失败后，他开始转入文化典籍的编辑和整理上来，从政治追求转向文化研究。他编辑整理的这些书你们都了解吗？ 　　学生：《诗》是《诗经》，…… 　　老师：《诗》是《诗经》，中国第一部诗歌总集，反映了当时社会各阶层的生活。《书》是《尚书》，是中国最早的一部历史文献汇编。《礼》是《仪礼》，中国春秋战国时代的礼制汇编。《易》是《易经》或《周易》，是阐述天地世间万象变化的古老经典，包含了中国古人的辩证法，也可称为是一部哲学书。《乐》指是《乐经》，现已失传。《春秋》，是记载中国古代历史的典籍。六部书合称"六经"，这里的"经"指的是经典著作。除了《春秋》是孔子所做，其他五经，他都是做了整理工作，整理的过程包含了他对作品的理解。 　　"这项千秋大业的完成为中华文化、世界文化做出了巨大的贡献。""千秋大业"是什么意思？ 　　学生：伟大的功绩或者事业。 　　老师：课文中"这项千秋大业"指的是什么？ 　　学生：六经的编辑和整理。 　　老师：六经对中国乃至世界来说重要吗？	通过孔子的例子来说明实践对于事物的认识更加深刻。

	续表
学生：重要。为中华文化、世界文化做出了巨大的贡献。 老师：六经是中国传统文化的主要源头，不仅是中华文化的重要组成部分，作为中国传统文化，也为世界文化做出了巨大贡献，丰富了世界文化。 　　由此看来，孔子的贡献主要集中在文化方面。那么他周游列国（在文章中被看成是一种"旅行"）与他的文化成就之间存在什么关系？ 学生：倘若没有这14年的漂泊与体悟，恐怕很难有六经的问世。 老师：如果没有14年的周游列国，他的心不会彻底静下来，转而去做六经的编辑和整理工作；如果没有这14年的周游列国，他对社会就没有那么深刻的体悟，没有深刻的体悟也就不能完成对六经的整理（整理过程中，加入了孔子的理解），进而实现不了他在文化上的成就。 4. 第4段 老师：请同学们快速阅读第4段，回答（展示PPT）： （1）司马迁是谁？他的主要著作是什么？ （2）司马迁游历天下对他取得的成就产生了几个方面的作用？分别是什么？ （学生阅读） 老师：司马迁是谁？他的主要著作是什么？ 学生：汉代史学家，著作是《史记》。 老师：司马迁并非一个只会读书的文弱书生，他除了学习儒家经典，还游历天下，北至内蒙古，南到昆明，西至甘肃，东临大海，走遍了大半个中国，"用脚丈量世界"。 　　司马迁游历天下对他创作《史记》产生了什么作用？ 学生：两方面的作用：一是搜集了大量散失在民间的史料，为《史记》一书的撰写做了扎实的准备工作；二是他汪洋恣肆的文风也在游历中形成。 老师：第一点是从史料方面来说的，第二点是从文章风格方面来说的。关于后者，想进一步解释一下，一个爱旅行的人一般会有与其他人不一样的生活态度，旅行也会让人变得活泼开朗、积极向上。因此，在文章的写作风格上也容易形成洋洋洒洒的自由自在的风格。 5. 第5段 老师：请同学们快速阅读第5段，回答（展示PPT）： （1）杜甫是谁？他的代表诗篇是什么？ （2）杜甫作为伟大的现实主义诗人与他颠沛流离的经历有什么关系？ （学生阅读） 老师：杜甫是谁？他的代表诗篇是什么？ 学生：唐代伟大的现实主义诗人，代表诗篇是"三吏三别"。 老师：唐代是中国诗歌创作的巅峰，最有名的两位诗人是李白和杜甫，合称"李杜"。他们的诗歌风格却迥然不同：李白的诗歌豪放自由，是浪漫主义诗人的代表人物；而杜甫的诗歌沉郁顿挫，记录了当时的社会矛盾以及人民疾苦，是现实主义诗人的代表人物。	结合司马迁的经历，理解游历天下对其成功的意义。如果司马迁没有游历天下，那么就无法搜集到散失在民间的史料，进而无法完成千古不朽的史学巨著《史记》，也无法形成他汪洋恣肆的文风。

续表

杜甫作为伟大的现实主义诗人被誉为什么？ 学生：四千年文化中最庄严、最瑰丽、最永久的一道光彩。 老师：这是近代学者闻一多对杜甫的评价，"被誉为"的意思就是"被称赞为……"，说明后人对杜甫的评价是非常高的。他达到了现实主义诗歌的顶峰，那么他的这一成就与他的人生经历尤其是颠沛流离的生活有什么关系呢？ 学生：颠沛流离的生活加深了他对社会现实本质性的认识，使他创作了"三吏三别"等诗篇。 老师：正确。杜甫前半生家境不错，祖辈父辈世代为官，所以，不差钱，喜游历，但后半生却十分落魄，被迫流浪。转折点就在于"安史之乱"。安史之乱，指的是唐代将军安禄山与史思明对唐王朝发动叛乱，想要推翻唐朝，虽然以失败告终，却使唐代由盛转衰。在这个历史事件中，杜甫家族也受到牵连，最终被迫四处流浪。但也正是这种颠沛流离的生活加深了他对社会现实本质性的认识，认识到统治阶层的腐败与百姓生活的疾苦，对生活在乱世之中的百姓充满了同情，创作出了《新安吏》《潼关吏》《石壕吏》《新婚别》《无家别》《垂老别》的"三吏三别"的现实主义诗篇，成就了他现实主义伟大诗人的地位。即没有颠沛流离的生活，就不可能对社会现实有深刻的本质性的认识，没有这些认识，也就创作不出"三吏三别"等诗篇。 最后，作者认为，如果想要成为一个大诗人，仅仅有才华是不够的，还需要通过旅行来开阔襟怀，并得到"江山之助"。旅行会让一个人的胸襟打开，胸怀天下，"得到江山之助"，即在游历过程中从一山一水中获得深刻的思考与人生感悟。 6. 第 6 段 老师：请同学们快速阅读第 6 段，回答（展示 PPT）： （1）康有为是谁？他游历欧美的研究成果是什么？ （2）康有为游历海外 7 年，给他带来了什么影响？ （学生阅读） 老师：康有为是谁？ 学生：中国近代学者。 老师：近代，作为一个历史分期，一般认为始于 1840 年（事件：鸦片战争，中国沦为半殖民地半封建社会），止于 1949 年（与文学分期不同，近代文学是止于 1919 年，1919 至 1949 年为现代文学时期）。 康有为是中国晚清时期重要的政治家、思想家、教育家，资产阶级改良主义代表人物。"大抱负、大胸怀"，指康有为拥有远大的政治理想，胸怀宽广。作为资产阶级改良主义的代表，他爱国，有社会担当，面对清朝政府的腐败与西方国家的强大，试图在保留皇帝的基础上让中国走上资本主义的发展道路。 正如课文所言，1904 年，他乘船渡印度洋到达地中海一带，半年中游历了意大利、瑞士等欧洲 11 国；1905 年又游历了加拿大、美国。他游历欧美的研究成果是什么？ 学生：撰写了《罗马沿革得失》。 老师：康有为游历海外 7 年，给他带来了什么影响？	如果杜甫没有颠沛流离的经历，就无法造就"三吏三别"这样的历史史诗。 如果康有为没有游历他国的经历，他也就无法考察西方的议院制度，也就无法形成他晚年"世界大同"的政治思想与学术思考。

续表

学生：游历海外7年所得之结果是他晚年政治思想、学术体系成熟必不可少的外部条件。 老师：康有为晚年政治思想是什么呢？ 学生：没有提到。 老师：康有为在晚年提出未来大同世界的思想。其基本原则和主要内容如下：首先，在经济上废除私有制，实行财产公有制，实行计划经济和按劳分配，整个社会建立在物质文明高度发达的基础上；其次，在社会结构上，消灭阶级，废除家庭，人人平等；最后，在政治原则上，实行民主管理。康有为《大同书》中直接全面地论证叙述了自己的政治理想，但他所设想的美好的大同社会，是不可能实现的，是一种脱离了现实社会的空想。即便如此，但它还是在中国近代思想发展史上占有重要的地位：第一，康有为所生活的中国近代社会是一个天翻地覆、令人眼花缭乱的时代，这时，展现在人们面前的不是个别的枝节问题，而是复杂严重的根本问题，要求人们去解决，这使得真正的思想家要重新、独立地思考这个世界，给出自己的答案。第二，《大同书》的内容和特色是通过乌托邦的方式毫无掩饰地表达了康有为的反封建的资产阶级进步思想。第三，《大同书》是中国近代空想社会主义思想史发展的一个新的标志。 康有为晚年学术体系指向不太明确，其晚年对书法学、经学、哲学都有涉猎，个人比较倾向于他的经学思想。康有为出生书香门第，自幼受儒学熏陶，后接触西学。儒学的流派传承、复杂的人生经历、博大的师承、社会责任的担当等都促成康有为出于"尊孔卫道"目的，对时代变局进行回应，进而形成独特的经学思想体系。康有为认为儒学必须进入新的阶段，传统经学必须经历新陈代谢。目前学术界基本肯定了康有为对儒学转型做出的贡献。 康有为晚年的世界大同的政治思想以及他对传统经学的学术思考，无一不受到西方政治、社会、文化的影响，因此，他游历欧美国家的经历给他的政治思想与学术思考走向成熟提供了外部条件。	
7. 第7段 老师：请同学们快速阅读第7段，回答（展示PPT）： （1）刘半农是谁？他的成就有哪些？ （2）如何理解他的成就与他赴欧之行之间的关系？ （学生阅读） 老师：刘半农是谁？ 学生：刘半农是中国五四时期的著名学者。 老师：五四时期指的是什么时候？ 学生：1919年。 老师：五四时期表示五四运动发生的这一个时间段，五四运动是指1919年5月4日发生在北京以青年学生为主的一场学生运动，广大群众、市民、工商人士等中下阶层共同参与的一次示威游行、请愿、罢工、暴力对抗政府等多形式的爱国运动。	如果刘半农没有游学欧洲，也就无法在英法等国接触到语音实验室，无法使用实验的办法研究汉语声调，正是早年游学国外，才使他成为中国

他的成就有哪些？ 学生：完成了著作《四声实验录》、创作了白话新诗《教我如何不想她》、编成了《敦煌掇琐》。 老师：这些著作或文章都是在哪完成的？ 学生：欧洲游学的时候。 老师：刘半农出生于江苏清贫的知识分子家庭，自幼聪慧过人，6岁能作对联、咏诗。1917年，被北京大学校长蔡元培破格聘为北大预科国文教授。刘半农深知学历浅，因此，1920年，刘半农赴欧洲深造，初入英国伦敦大学院，在语音实验室工作。正如课文所说，当时"穷得淋漓尽致"，非常穷，所以，听说法国国家图书馆藏书多，而且生活费比英国低之后，他1921年转入法国巴黎大学，攻读实验语音学，最终完成了《四声实验录》，这是中国第一部用语音实验仪器研究汉语方言声调的著作。1925年获法国国家文学博士学位，成为第一个获得以外国国家名义授予的最高学衔的中国人。1925年秋，刘半农任北京大学国文系教授，兼任北大研究所国学门导师，建立了语音乐律实验室，成为中国实验语音学奠基人。 在此期间，刘半农还写下了流传久远的白话新诗《教我如何不想她》。这首诗不太一般。一是用白话而非文言文写就，是新诗而非古代格律诗；二是它首创"她"字的使用。关于"她"指代的是谁，一般认为指的是中国，全诗表达了异国他乡的刘半农对祖国家乡的思念之情。 在海外期间，他有机会抄录了散失在海外的敦煌文献，编成《敦煌掇琐》。敦煌，甘肃的一个县级市，因拥有宝贵的敦煌石窟、敦煌壁画而闻名天下，被称为东方"世界艺术博物馆"。 如何理解他的成就与他赴欧之行之间的关系？ 学生：刘半农作为学者与诗人，最重要的著述都是这5年在欧洲完成的。没有这次赴欧之行，他的成就也许会减色不少。 老师：是的。如果没有赴欧之行，他可能不会有这么多的收获。中国之前没有语音实验学，不离开中国也不会有异国他乡的游子之情的吐露，也没有机会抄录海外的敦煌文献。	实验语音学的奠基人；如果没有游学欧洲，也就不会有思乡的《教我如何不想她》的问世；如果没有去游学欧洲，也就没有机会抄录海外的敦煌文献。 实践有时比读书更有价值。
8. 第8段 老师：请同学们快速阅读第8段，回答（展示PPT）： (1) 达尔文是谁？他的最大成就是什么？ (2) 达尔文是怎样评价自己的环球之旅的？ (3) 达尔文的著作是一部什么书？是怎样写成的？ （学生阅读） 老师：达尔文是谁？他的最大成就是什么？ 学生：达尔文是英国生物学家，最大成就是撰写了《物种起源》一书。 老师：《物种起源》一书是怎么写成的？是在家闭门造车吗？ 学生：不是，跟他的旅行有关。	如果达尔文没有5年环球世界的经历，也无法形成26本观察日记，《物种起源》也就无法问世。

	续表
老师：达尔文青年时代曾随贝格尔舰进行了长达5年的环球考察，这是一位伟大学者的不朽著作与旅行相结合的最写实的例证。不朽著作，指的是什么？ 学生：《物种起源》。 老师：写实指的是什么？ 学生：真实。 老师：达尔文是怎样评价自己的环球之旅的？ 学生：在贝格尔舰上的5年，比在大学里待上半个世纪更有价值，它决定了我的整个事业。 老师：再次证明"行路"的价值不比"读书"少。 达尔文的著作《物种起源》是一部什么书？是怎样写成的？ 学生：系统阐述生物进化理论的著作，是在5年环球考察的过程中完成26本日记的基础上完成的。 老师：因此，达尔文的环球之旅决定了他一生的方向，成就了伟大的生物学家。 9. 第9段 老师：请同学们快速阅读第9段，回答（展示PPT）： 我们应该从大人物的旅行中悟到什么？ （学生阅读） 老师：现在人们经常从什么角度去看待出游？ 学生：兴趣或减轻生活压力。 老师：但作者希望我们通过阅读从大人物的旅行中悟到什么道理？ 学生：旅行有助于成才	
四、讨论 （1）要求：3~4人形成一个小组，对下面的题目进行交流与表达： 你怎样认识"名人大家必有一场非凡旅行"？你还能举出更多名人的例子吗？ （2）认识：名人大家的成就都离不开旅行。 （3）例子：略	实践对成才的重要性
五、小结 （1）从课文内容来看，强调了实践对成功的重要性。 （2）从篇章结构来看，采用总—分—总的结构，按照"提出观点—证明观点—结论"来安排内容。 （3）从论证方法来看，全文采用举例的方法来论证，其举例的逻辑顺序是"古今""中外"的顺序	再次强调本课内容

	续表
六、作业 1. 书面作业 （1）完成课后练习第三题（简要回答问题）。 （2）写表达提纲。 结合达尔文的观点"在贝格尔舰上的5年，比在大学里待上半个世纪更有价值"来探讨"读书"与"行路"（"读万卷书，行万里路"）的关系。 2. 预习课文二：《微度假 想走就走的"快旅慢游"》 （1）生词：1~24。 （2）课文：第1段~第11段。 （3）查找资料并思考：旅游的目的、旅游的方式、旅游的收获	在课文讲解的基础上，进一步理解"理论"与"实践"的关系

第四章 "古代文学名著选读"课程思政指南

一、课程信息

课程学分：2

面向专业：汉语言文学专业

课程性质：学科基础必修课

使用教材：葛晓音，《中国古代文学作品选注》，北京大学出版社，2013年版

辅助教材：施国锋，《中国古代文学》，北京大学出版社，2012年版

先修课程：中国古代文学史、古代汉语

并修课程：无

后续课程：无

二、课程简介

本课程以时代为序选取中国古代文学中的经典诗词和散文进行文本解读，探讨和赏析古典诗文的思想艺术意蕴，其内容包括上古神话、《诗经》、《楚辞》、诸子散文、汉代诗歌、魏晋诗歌、南北朝民歌、唐诗、宋词等。

三、选课建议

该课程要求学生掌握一定的古代历史和文学史知识，具备一定的古代汉语阅读能力，建议本科三年级及以上留学生选修。

四、课程任务和教学目标

（一）思政目标

通过该课程的学习，让学生了解中国传统文化精神，感受传统文化魅力，确立文化认同感，塑造积极向上的人生观和健康的审美情趣。以"仁、义、礼、智、信"的君子价值观念引导学生，提升学生的道德修养，使其在生活中自觉实践中国社会主义核心价值观。

（二）教学目标

通过对不同时代不同作品的讲解和赏析，让学生学习古代诗歌的思想内涵和语言艺

术,了解古代诗歌发展脉络和时代特征,领略诗歌蕴含的优美含蓄的意境和人文精神。与此同时,学生还可以从不同的视角了解古代的政治、经济、文化等社会生活状况以及古人的思想观念,从而加深对中国传统文化的认识和感悟。诗歌是中国古文学的精华,维系着中华的精神文化命脉,通过对经典诗词的学习和诵读,丰富学生的古典文学知识,加强学生的文学鉴赏能力,提升学生的传统文化素养,培养学生真、善、美的多重品格。

五、课程基本内容及要求

知识单元		知识点		课程思政的教学知识点
序号	描述	描述	要求	
1	上古神话	上古神话的含义、分类、内容及流传	掌握	培养勇于探索的创新精神和不屈不挠的意志;讲解创世神话、始祖神话、个人英雄神话,探讨其精神内涵及现实意义
2	《诗经》选讲	《诗经》成书、分类、内容及艺术特色等	掌握	培养关注现实的精神和"风雅"传统;讲授《诗经》的内容和分类及其现实主义传统和历史影响
3	《诗经》选讲	《关雎》《蒹葭》《桃夭》《芣苢》《无衣》	掌握	激发学生对劳动的热爱和对真善美的追求,培养万众一心、众志成城的团结意识;讲解《关雎》《蒹葭》《桃夭》《芣苢》《无衣》等诗歌包含的思想内涵和艺术特色
4	诸子散文选讲	春秋战国的时代背景,儒家、道家、法家等流派思想概况,《论语》《孟子》节选	掌握	引导学生见贤思齐、居安思危,培养学生君子风范,提升自身修养,使其认同并自觉实践社会主义核心价值观;讲解《论语》包含的仁德思想、教育理念和自我修养,学习《孟子》"生于忧患,死于安乐"篇章蕴含的思想内涵
5	汉乐府选讲	汉乐府产生的时代背景以及内容和艺术特色	掌握	引导学生树立忠贞不渝的婚恋观和锐意进取、只争朝夕的拼搏精神;讲授汉乐府民歌《上邪》《长歌行》的思想内容和艺术特色,掌握其精神内涵
6	《古诗十九首》选讲	《古诗十九首》产生的时代背景及其内容和艺术特色	掌握	培养学生抗压能力,在困境中磨炼意志,树立积极向上的人生观;讲解《迢迢牵牛星》《行行重行行》的思想内涵和艺术特色,了解汉末世风和士人心态,汲取积极的精神内蕴

续表

知识单元		知识点		课程思政的教学知识点
序号	描述	描述	要求	
7	陶渊明诗歌选讲	陶渊明生平简介，诗歌内容、风格及历史地位	掌握	培养对平淡自然之美的欣赏力和洁身自好的超脱精神；讲解《饮酒》《归园田居》的诗歌内涵和美学风格，体悟陶诗蕴含的哲理和深远意境
8	北朝乐府选讲	北朝乐府概况、《木兰诗》	掌握	使学生认同忠孝观念和家国情怀，学习木兰不畏艰险、敢为人先的勇敢和担当精神；解读《木兰诗》文本，讲授诗歌精神内涵和写作手法，分析木兰的人物性格
9	唐诗选讲	唐代的社会风貌和诗歌发展概况	掌握	培养学生开阔的心胸和斗志昂扬精神，领略盛唐大气之美；讲授盛唐气象，唐诗的发展脉络和风格特征，唐诗的成就
10	李白诗歌选讲	李白生平简介、诗歌特征	掌握	培养学生"天生我材必有用"的气度和自信力；引导学生注重情义、珍惜友情；讲授李白生平以及诗歌《宣州谢朓楼饯别校书叔云》《送友人》等，学习其中蕴含的精神内涵和人文价值
11	王维诗歌选讲	王维生平简介、诗歌特征	掌握	提高学生审美情趣和对诗画艺术的感悟能力；分析《山居秋暝》的艺术特色和诗歌美学，使其与王维的山水画艺术相结合，领略诗歌和绘画的圆融境界
12	杜甫诗歌选讲	杜甫生平简介、诗歌特征	掌握	使学生认同家国情怀和"心系天下"的奉献精神；讲授杜甫生平以及诗歌《春望》《石壕吏》等，学习其中的精神内蕴和人文价值
13	宋词选讲	宋代的社会风貌、宋词发展概况	掌握	培养学生的科学创新精神，领略大气磅礴的豪放美和柔美细腻的婉约美；介绍宋代社会状况和发明创造，讲授豪放词和婉约词的不同风格
14	苏轼词选讲	苏轼生平简介、文学成就	掌握	培养学生直面挫折的勇气和豁达精神，学会热爱生活，提升人生境界；介绍苏轼生平和文学成就、学习《念奴娇·赤壁怀古》这一豪放词的精神内涵

续表

知识单元		知识点		课程思政的教学知识点
序号	描述	描述	要求	
15	李清照词选讲	李清照生平简介、词作特征	掌握	丰富学生情感内涵，使其认同中国传统审美旨趣，树立积极向上的人生态度；讲解《如梦令》《声声慢》等词，学习其中蕴含的思想精神

六、课程思政教学设计

（一）整体思路与教学方法

传统的古代文学名著选读课程，是基础性理论课程，一般是教师讲解，学生被动接受，形式比较单一，很难激发学生的兴趣，更谈不上发挥知识传授、能力提升、价值引领相互结合的作用。要想在实际教学中既有效传播文学基础知识又实现思政育人功能，需要更加讲求授课方法。

（1）情境教学。教师有目的地引入或创设具有一定情绪色彩的、以形象为主体的生动具体的场景。如诗歌朗诵、音乐欣赏、视频观摩、分组讨论等方式，拉近学生与古人的距离，激发学生情感，在感同身受中去体会经典作品中蕴含的人文思想、深邃哲理，潜移默化地融入思政教育，从而达到知识学习和价值认同的双重效果。

（2）画龙点睛。在联系思政元素时不要长篇大论，甚至完全脱离教材、教案讲述思想政治方面的内容，这容易引起学生的抵触情绪。课程思政终究不是思政课程，不能将专业课上成思想政治课，合理的做法是在授课过程中看似无意实则有意地带上一句两句，起到画龙点睛、润物无声的作用。

（3）结合现实。充分考虑学生的兴趣点、关注点，思政元素的带入方式要接地气。比如适当使用流行语、网络语、俗语俚语等解释古人、古事和古文，映射思政元素时，列举一些社会热点、时政要闻、影视作品等，使学生愿听想听爱听，调动学生的积极性和发散思维；在集体讨论环节，尽可能将所涉及的思政要点与学生的学业目标、职业规划、人生理想等关联起来，在了解学生的思想状态的前提下，使思政教育的引导行之有效，帮助学生树立信念。

（二）课程设计展望

在教学实践中，通过认真落实教学大纲的教学内容和要求，在讲授知识的同时，深入细致挖掘课程中蕴含的育人元素，做到专业内容与思政内容相互融合，知识学习与精神培养双管齐下，让学生学有所成、学以致用。

随着理论教学和思政引导的深入推进，学生得到系统的学习，对文学的知识积累和对作品的鉴赏水平不断提升，对中国传统文化的认知力和认同感也不断加强，促进学生形成健康积极的价值理念。

七、作业、考核方式和成绩评定

本课程要求学生按时到课，积极参加课堂提问讨论，并认真完成相关章节课外习题作业和讨论题作业。课程通过考勤、平时作业成绩、讨论题作业成绩和考试等进行综合评价，课程成绩包括：考勤（含课堂讨论）占10%，相关章节平时作业成绩占20%，考试（笔试）占70%。

八、教学案例

《诗经》选讲

本教案为两节课的内容，共100分钟。

（一）回顾复习上节课内容（5分钟）

(1) 让单个学生回答相关问题，检查学生掌握情况。
(2) 老师梳理上节课重要知识点，加深学生记忆。

（二）导入新课（10分钟）

(1) 提问学生是否读过爱情诗，并把印象深刻的诗句背出来。
(2) 让学生自由谈论对这些爱情诗的感受。

（三）学习《诗经·秦风·蒹葭》（35分钟）

(1) 播放《在水一方》歌曲，引导学生进入诗歌的音乐情境。
(2) PPT展示《蒹葭》全诗，先让单个学生读，检查学生的认读情况，然后老师领读。全诗如下：

蒹葭苍苍，白露为霜。所谓伊人，在水一方。
溯洄从之，道阻且长。溯游从之，宛在水中央。
蒹葭萋萋，白露未晞。所谓伊人，在水之湄。
溯洄从之，道阻且跻。溯游从之，宛在水中坻。
蒹葭采采，白露未已。所谓伊人，在水之涘。
溯洄从之，道阻且右。溯游从之，宛在水中沚。

(3) PPT展示《蒹葭》字词注释，一个学生读一条注释，并纠正学生发音，然后老师进行具体讲解。可以结合图片、词组举例及延伸、造句等形式，丰富字词的内容，深化学生的理解和记忆。注释如下：

蒹葭（jiān jiā）：芦苇。苍苍：茂盛的样子。所谓：所思念的。伊人：那人。这里指作者喜欢的人。溯洄（sù huí）：逆流而上。从：追寻。阻：险阻，难走。溯游：顺流而下。宛：好像。萋萋（qī）：茂盛的样子。晞（xī）：干。湄（méi）：岸边。跻（jī）：升高。坻（chí）：水中高地。采采：茂盛样子。已：止，指干了。涘（sì）：水边。右：这里指道路弯曲。沚（zhǐ）：水中小洲。

（4）PPT 展示《蒹葭》不同章节，老师讲解诗句的含义，在讲解过程中，提问学生对诗句的理解和感受。

（5）老师分析全诗的艺术表现手法，让学生透过表面的字词，深入诗歌内部的表现技巧，感受诗歌内在的意蕴，提高学生诗歌鉴赏能力。在分析的过程中可以随机提问学生的认识和想法。诗歌赏析如下：

- 景物：蒹葭"苍苍""萋萋""采采"，通过对景物的细微描写，渲染了深秋清晨河滨的图景，表达作者当时所在的环境清冷和寂寞。
- 时间：通过白露"为霜""未晞""未已"的变换，描绘出露水成霜而又融为秋水直到被晒干的渐变过程，时间上的发展推移，表现出作者对"伊人"追寻的迫切心情。
- 空间："伊人"所在的空间方位的变化，表现出作者寻见"伊人"的困难重重以及由此产生的内心惆怅。

（6）通过前面的讲解学习，让学生概括本诗的思想内涵和艺术特色，老师给予讲评，并结合思政要点，激发学生对真善美的感悟和追求，使其树立正确的婚恋观。思想内涵及艺术特色如下：

《蒹葭》是一首情景相生的爱情诗，通过景物的描写、时间的推移和空间的变换，表达了作者对"伊人"的倾慕之情，以及可望却不可及的内心惆怅。

> 比兴手法的运用，情景交融。
> 重章叠句的结构，节奏明快动听。
> 朦胧含蓄的意境美，可望而不可及。

（7）让学生齐读诗歌，然后单个学生朗读，要求学生饱含情感并注意声调的抑扬顿挫，读出诗歌的韵律美，强化诗歌给人的心灵净化。

（四）学习《诗经·秦风·无衣》（35 分钟）

（1）老师讲述诗歌的创作背景，增加学生对特定的历史知识的了解。该诗创作背景如下：

公元前 771 年，西北的犬戎族攻占西周镐京，杀死周幽王，西周灭亡。第二年秦襄公护送周平王迁都洛阳，并受王命攻打犬戎。此诗大概在这一背景下产生。犬戎，是古代活跃于陕西、甘肃一带的游牧民族。该民族的先祖以犬或者狼为图腾，故被称为犬戎。春秋初期，犬戎成为秦国的强敌，为秦国所灭。后来犬戎的一支北迁到蒙古草原，成为蒙古草原最早的游牧民族之一。

（2）PPT 展示《无衣》全诗，先让单个学生读，检查学生的认读情况，然后老师领读。全诗如下：

岂曰无衣？与子同袍。王于兴师，修我戈矛。与子同仇！

岂曰无衣？与子同泽。王于兴师，修我矛戟。与子偕作！

岂曰无衣？与子同裳。王于兴师，修我甲兵。与子偕行！

（3）PPT 展示《无衣》字词注释，一个学生读一条注释，并纠正学生发音，然后老师进行具体讲解，可以结合图片、词组举例及延伸、造句等形式，丰富字词的内容，深化学生的理解和记忆。注释如下：

岂（qǐ）：怎么能。袍：长衣，指披风或斗篷。王：指周王。于：语气，助词。兴师：出兵打仗。同仇：共同对敌。修：修整。戈（gē）、矛：古代长柄形的兵器。泽：同"襗"，内衣，指汗衫。戟（jǐ）：古代兵器，形似戈。偕（xié）：一起，一同。作：作战。裳：下衣，此指战裙。甲兵：铠甲与兵器。偕行：一起前行。

（4）PPT 展示《无衣》不同章节，老师讲解诗句的含义，在讲解过程中，提问学生对诗句的理解和感受。

（5）老师概括全诗的思想内涵及特色，感受诗歌蕴含的强大精神力量，提高学生诗歌鉴赏能力。在分析的过程中可以随机提问学生的认识和想法。思想内涵及特色如下：

《无衣》是一首充满爱国主义激情的战歌，表现了秦地民众保家卫国、同仇敌忾的战斗精神。诗歌以问句发端，采用赋的铺陈手法，重章复唱，一气呵成。"与子同袍"是激励伙伴同舟共济赴国难；"修我戈矛"表现战士斗志昂扬、齐心备战的情景；"与子同仇"表现战士同心同德英勇作战的大无畏精神。诗歌意境豪迈，掷地铿锵，表现了秦军战士出征前的高昂士气。

（6）结合思政要点，讲述新冠肺炎疫情暴发初期，国内民众在危难时刻，团结互助、万众一心的感人实例，通过疫情援助物资上"岂曰无衣？与子同袍""山川异域，风月同天"标语的来历，让学生加深对诗歌凝结的时代精神的感悟，使其认同中华优秀传统文化以及承载的人文精神，从而培养学生齐心协力、众志成城的团结互助意识，为加强中外友好交流提供良好的基础。

（7）让学生齐读诗歌，然后单个学生朗读，要求学生饱含情感并注意声调的抑扬顿挫，读出诗歌的韵律美。

（8）播放歌曲《无衣》，使学生进入情境，在音乐中感受诗歌展现出的激昂气势。

（五）课堂总结（15 分钟）

（1）老师梳理本课的主要内容和知识要点。

（2）布置作业。

（3）老师答疑。

第五章 "中国古代史"课程思政指南

一、课程信息

课程学分：2

面向专业：汉语言（留学生）、汉语国际教育（留学生）

课程性质：选修课

使用教材：赵延风，《中国历史——专业汉语教程》，北京大学出版社，2007年版

二、课程简介

本课程系统讲授从远古社会到1840年鸦片战争以前的中国历史，使学生对中国各朝各代各时期的历史特点、重大历史事件、重要历史人物有一个全面而系统的把握，从而深刻理解中华文明的丰富精神内涵以及中华民族为人类文明所做的突出贡献。课堂教学以教师讲授为主，辅以大量图片和视频，并以小组为单位开展课堂讨论，既可锻炼学生的汉语听说能力，又能形成不同文化、不同观点之间的碰撞与交流。

三、选课建议

要求学生已具备一定的汉语听说能力，基本达到中级水平。建议汉语言专业本科二年级及以上、对中国历史和中国文化有着浓厚兴趣的留学生选修。

四、课程任务和教学目标

（一）思政目标

讲好中国古代文明和文化的故事，传播中华优秀传统文化，培养知华友华爱华的国际友好人士。使学生了解中国主流学界对中国古代历史的解读，了解中国古代文明形成和发展的过程、中国文化的精神特质以及中华民族对人类文明所做出的突出贡献，感受中华优秀传统文化的魅力以及中国古代先民的创造力和无穷智慧。

（二）教学目标

使学生能熟练掌握中国古代社会的基本朝代、重要历史事件、历史人物及文化现象；全面把握中国古代各个朝代及时期的基本特点及不同历史时期的发展趋势；深入了解中国

古代文明形成和发展的过程、中国文化的精神特质以及中华民族对人类文明的贡献。

五、课程基本内容及要求

知识单元		知识点		课程思政的教学知识点
序号	描述	描述	要求	
1	远古时期	远古传说：盘古开天地、女娲造人	识记	中华文明的起源
		炎黄子孙、大禹治水	识记	
		旧石器时代和新石器时代重要的考古发现	理解	
2	夏朝	夏朝的重要意义	理解	夏朝是中国文明社会的开始
		二里头遗址	理解	
3	商朝	殷墟	识记	甲骨文和青铜器所蕴含的文化含义
		甲骨的用途、甲骨文的发现及研究	理解	
		青铜器所蕴含的意义及其代表性器物	理解	
		商的建立及灭亡	理解	
4	西周	西周的建立、周文王、姜尚	识记	中国古代重要的政治制度——分封制
		武王伐纣	识记	
		分封制和宗法制	理解	
5	春秋战国	春秋时期的社会变动和诸侯争霸	理解	老子和孔子的主要思想；儒、道、法三家思想的精华
		卧薪尝胆的故事	识记	
		战国形势——七雄	理解	
		秦国的商鞅变法	理解	
		文化：《论语》、诸子百家、屈原和端午节、《孙子兵法》	识记	
6	秦朝	秦朝的建立和秦始皇	识记	秦统一的历史功绩和大一统观念形成的重要历史意义
		郡县制	理解	
		书同文、车同轨	理解	
		焚书坑儒	理解	
		秦的暴政	理解	
		文化：秦兵马俑	理解	

续表

知识单元		知识点		课程思政的教学知识点
序号	描述	描述	要求	
7	西汉	楚汉战争（刘邦、项羽、鸿门宴）和西汉的建立	识记	张骞通西域及丝绸之路在中西文化交流中的重要作用
		文景之治	理解	
		汉武帝时期（张骞通西域、罢黜百家独尊儒术）	理解	
		司马迁著《史记》	识记	
8	东汉	东汉的建立和光武帝	识记	造纸术的发明
		外戚和宦官轮流执政	理解	
		文化：造纸术、张衡和地动仪、班固《汉书》	识记	
9	三国两晋南北朝	三国鼎立的局势及重要人物、事件：魏蜀吴、曹操、刘备、诸葛亮、关羽、三顾茅庐、赤壁之战	识记	民族大融合的历史意义
		西晋和东晋（八王之乱、淝水之战）	理解	
		门阀士族	理解	
		北魏孝文帝改革	理解	
10	隋朝	隋朝的建立	识记	短命王朝的教训；京杭大运河
		京杭大运河的开凿	识记	
		隋的灭亡和短命的原因（秦隋比较）	理解	
11	唐朝	唐朝的建立	识记	大唐盛世及唐文化对周边国家和民族的辐射和影响力
		贞观之治和唐太宗的成功经验（水能载舟亦能覆舟、魏徵）	识记	
		一代女皇武则天	识记	
		科举取士	理解	
		开元盛世和唐玄宗	理解	
		安史之乱	理解	
		文化：文成公主入藏、鉴真东渡、玄奘西行	识记	

续表

知识单元		知识点		课程思政的教学知识点
序号	描述	描述	要求	
12	宋朝	北宋的建立	识记	四大发明对世界的贡献
		北宋和辽、西夏的战和关系	理解	
		北宋的灭亡和南宋的建立	识记	
		南宋和辽、金的战和关系（岳飞抗金）	理解	
		文化：指南针、火药、活字印刷术的发明、《清明上河图》	识记	
13	元朝	蒙古人建立元朝、成吉思汗、忽必烈	识记	元朝的行省制度对近现代中国的影响
		元大都	识记	
		元朝的行省制度	理解	
		马可波罗来华	识记	
14	明朝	明朝的建立和朱元璋	识记	世界航海史上的壮举——郑和下西洋
		中央集权的加强	理解	
		明成祖（迁都北京、编纂《永乐大典》）	理解	
		郑和下西洋	识记	
15	清朝	满族人的八旗制度和清朝的建立	理解	郑成功收复台湾的重要意义及中央政府对台湾的管辖
		康乾盛世	理解	
		郑成功收复台湾	识记	

六、课程思政教学设计

面对来自不同文化圈且有着独立思考能力与判断力的各国成年留学生，课堂教学应力避灌输式和说教式，应以启发、引导甚至是角色代入的方式展开教学，让学生知其然更要知其所以然，在保留自身观点的同时了解当代中国主流学界对中国古代历史的解读。

主要教学方法包括：

（1）课堂讲授辅以图片、视频等多媒体素材。课堂教学以教师讲授为主，但为避免枯燥和空洞，辅以大量图片加以说明，并利用丰富的视频资源和有趣的 APP 来激发学生的学习兴趣，增强课堂互动。

（2）课堂讨论。每课设计一到两个讨论题，先分组讨论，每人发表意见，再选出小组代表发言，总结本组观点，最后是教师点评及概括。这种讨论的形式既可充分锻炼学生的汉语听说能力，活跃课堂气氛，又能形成不同文化、不同观点之间的碰撞和交流。

（3）参观实践。充分利用北京丰富的文化和古迹资源，组织学生赴国家博物馆、首都博物馆或故宫、天坛参观学习，充分感受出土文物的精美、古代建筑的恢宏、古代人民的创造力和智慧。

七、作业、考核方式和成绩评定

总分 100 分，包括平时成绩、期中作业、期末考试三部分。平时成绩为 20 分，其中出勤占 5 分，课堂表现占 15 分；期中作文 10 分，要求 400 字以上，有自己的观点，逻辑清晰，语句通顺；期末考试占 70 分（期末闭卷考试，试卷满分 100 分，折合成 70%）。

第六章 "中国近现代史"课程思政指南

一、课程信息

课程学分：2
面向专业：汉语言（留学生）、汉语国际教育（留学生）
课程性质：选修课
使用教材：赵延风，《中国历史专业汉语教程》，北京大学出版社，2007年版

二、课程简介

本课程系统讲授从1840年鸦片战争到1949年中华人民共和国成立的中国历史，使学生了解近代中国逐步沦为半殖民地半封建社会的历史过程及原因，了解中国从闭关锁国走向开放、从君主专制走向民主共和的历史进程，了解广大仁人志士为探索中国向何处去所付出的努力及贡献，了解中国共产党是如何建立、发展、壮大以及如何带领人民走向胜利，理解当今中国所选道路的必然性和正确性。课堂教学以教师讲授为主，辅以大量图片和视频，并以小组为单位开展课堂讨论，既可锻炼学生的汉语听说能力，又能形成不同文化、不同观点之间的碰撞与交流。

三、选课建议

要求学生已具备一定的汉语听说能力，基本达到中级水平。建议汉语言专业本科二年级及以上、对中国历史和中国文化有着浓厚兴趣的留学生选择。

四、课程任务和教学目标

（一）思政目标

讲好近代中国从闭关锁国的半殖民地半封建社会走向开放、独立、富强的中华人民共和国所走过的历史进程，使学生了解中国主流学界对中国近现代历史的解读；了解中国近代落后和挨打的原因，以及社会各阶层为改变国家命运所做的不懈探索与抗争；了解中国共产党是如何建立、发展、壮大以及如何带领人民走向胜利，理解当今中国所选道路的必然性和正确性。

（二）教学目标

使学生能熟练掌握中国近现代重要历史事件、历史人物及文化现象；全面把握各个时期的基本特点及发展趋势。

五、课程基本内容及要求

知识单元		知识点		课程思政的教学知识点
序号	描述	描述	要求	
1	鸦片战争	鸦片战争爆发前的中国社会	理解	鸦片战争是中国近代落后挨打的开始； 林则徐虎门销烟； 有识之士睁眼看世界
		鸦片战争爆发的原因	理解	
		鸦片战争爆发的时间	识记	
		鸦片战争的经过	理解	
		林则徐和虎门销烟	识记	
		《南京条约》及五口通商	识记	
		鸦片战争对中国的影响	理解	
		睁眼看世界的有识之士：魏源"师夷长技以制夷"	识记	
2	太平天国	洪秀全的经历和思想	理解	太平天国"无处不均匀无人不保暖"的朴素理想
		太平天国的发展	理解	
		定都天京及一系列政策	理解	
		天朝田亩制度	识记	
		曾国藩和湘军	理解	
		太平天国的失败	理解	
3	第二次鸦片战争	英法发动第二次鸦片战争的原因	理解	英法联军火烧圆明园
		战争经过	理解	
		英法联军火烧圆明园	识记	
		慈禧太后垂帘听政	识记	
4	洋务运动	洋务派的代表人物及其主要思想	识记	洋务运动为什么没有达到使中国富强的目的
		中体西用	识记	
		洋务运动的目的	识记	
		洋务运动的两个阶段及其成果	理解	
		北洋水师的建立	识记	
		留美幼童	理解	
		洋务运动失败的原因	理解	

续表

知识单元		知识点		课程思政的教学知识点
序号	描述	描述	要求	
5	甲午战争	战前局势	理解	北洋水师全军覆灭的主要原因及黄海海战中奋勇抗敌的将士
		战争的爆发及经过	理解	
		黄海海战	识记	
		《马关条约》	识记	
		战后瓜分中国的狂潮、时局图	理解	
6	戊戌变法	维新派的代表人物：康、梁	识记	维新派志士的改良之路
		维新派和洋务派的不同	理解	
		百日维新	理解	
		戊戌六君子	识记	
		京师大学堂	识记	
		戊戌变法失败的原因及其历史意义	理解	
7	义和团运动和八国联军侵华战争	义和团的口号	识记	《辛丑条约》对中国的剥削
		义和团的性质及爆发原因	理解	
		八国联军入侵	识记	
		《辛丑条约》及庚子赔款	识记	
		战后慈禧太后对西方列强态度的转变	理解	
8	辛亥革命	革命派的代表及主张	识记	辛亥革命的历史功绩及失败原因；革命派志士秋瑾、林觉民舍家为国的事迹
		孙中山的三民主义	识记	
		辛亥革命爆发的原因	理解	
		武昌起义的时间、经过	理解	
		南京临时政府的成立	识记	
		袁世凯篡夺革命成果	理解	
		辛亥革命的历史功绩	理解	

续表

知识单元		知识点		课程思政的教学知识点
序号	描述	描述	要求	
9	五四运动和中国共产党的成立	新文化运动的口号	识记	马克思主义在中国的传播及中国共产党的成立
		陈独秀和《新青年》	识记	
		五四运动的时间、发生原因及结果	理解	
		五四运动的历史意义	理解	
		中国共产党成立的时间、背景及条件	理解	
10	第一次国内革命战争	国民党的成立	理解	第一次国共合作的目标和结果
		黄埔军校	识记	
		孙中山逝世	识记	
		北伐	理解	
		蒋介石"四一二"政变	识记	
11	第二次国内革命战争	东北改旗易帜和国民政府形式上的统一	理解	中国共产党的革命道路 红军长征的伟大意义
		南昌起义	识记	
		井冈山根据地的建立	识记	
		中国工农红军长征	识记	
		遵义会议	识记	
		西安事变	识记	
12	抗日战争	七七事变及抗战的全面爆发	识记	中国的抗战对世界反法西斯战争的重要意义及中国人民在抗战中的巨大牺牲
		抗日民族统一战线的形成	理解	
		国民党战场的情况	理解	
		南京大屠杀	识记	
		共产党战场的情况	理解	
		抗战的胜利	识记	
13	第三次国内革命战争	抗战结束后的国内国际形势	理解	中国共产党取得全国胜利的原因
		重庆谈判和双十协定	理解	
		三大战役	识记	
		中华人民共和国成立	识记	

六、课程思政教学设计

面对来自不同文化圈且有着独立思考能力与判断力的各国成年留学生,课堂教学应力避灌输式和说教式,以启发、引导、角色代入的方式展开教学,让学生边听边思考,知其然并且知其所以然,了解当代中国主流学界对中国近现代历史的解读。

主要教学方法包括:

(1) 课堂讲授辅以图片、视频等多媒体素材。课堂教学以教师讲授为主,但为避免枯燥和空洞,辅以大量图片加以说明,并利用丰富的视频资源和有趣的 APP 来激发学生的学习兴趣,增强课堂互动。

(2) 课堂讨论。每课设计一到两个讨论题,先分组讨论,每人发表意见;再选出小组代表发言,总结本组观点;最后是教师点评及概括。这种讨论的形式既可充分锻炼学生的汉语听说能力,活跃课堂气氛,又能形成不同文化、不同观点之间的碰撞和交流。

(3) 参观实践。充分利用北京丰富的文化和古迹资源,组织学生赴国家博物馆、圆明园等地参观学习。

七、作业、考核方式和成绩评定

总分 100 分,包括平时成绩、期中作业、期末考试三部分。平时成绩为 20 分,其中出勤占 5 分,课堂表现占 15 分;期中作文 10 分,要求 400 字以上,有自己的观点,逻辑清晰,语句通顺;期末考试占 70 分(期末闭卷考试,试卷满分 100 分,折合成 70%)。

第七章 "中国哲学"课程思政指南

一、课程信息

课程学分：2
面向专业：文化
课程性质：留学生文化专业必修课
使用教材：《中国哲学》（自编）
辅助教材：冯友兰，《中国哲学简史》，中华书局，2019年版
先修课程：中国古代史、中国历史
并修课程：无
后续课程：无

二、课程简介

本课程主要从文化的角度介绍中国古代哲学家如孔子、孟子、老子、庄子、韩非子等先秦诸子百家的思想，汉代以后的儒教文明及其对东亚传统文化的影响，宋明理学对中国近代文化的影响，以及近代马克思主义哲学的传入及其对中国现代文化的意义，目的是让留学生深入了解中国传统文化。

三、选课建议

该课程要求留学生具有较高的汉语水平，以及对中国历史的基本了解，建议本科四年级的留学生选修。

四、课程任务和教学目标

（一）思政目标

深入挖掘中国哲学课程中包含的思政教育元素，在教学过程中结合专业知识和现代中国价值观进行深入讲解；帮助留学生理解中国传统文化中包含的价值观念，力求使留学生认识到中国文化的价值和意义，为中国文化的世界传播与推广做贡献。

（二）教学目标

与西方哲学注重抽象的逻辑推理不同，中国哲学是中国的历史、文化、现实和思维的

依据，是中国传统文化的生命之根。本课程的教学目标是：通过教学，使留学生在学习大量的中国传统文化知识的同时，了解中国人的思维方式，引起留学生对中国传统文化的兴趣；此外，在中国古代哲学家的著作中，还有大量的成语、俗语，对提高留学生的语言水平也具有益处。

五、课程基本内容及要求

中国哲学课程思政教学遵从顶层设计理念，从了解"中国人自古以来的诚实守信理念""中国古代哲人的社会责任感与文化修养""中国人对世界的和平理念""中国人的依法治国理念"四个维度构建中国哲学课程思政教学大纲，将课程知识与课程思政元素一一对应，有机融合。

序号	知识单元 描述	知识点 描述	要求	课程思政的教学知识点
1	儒家思想：孔孟的仁义礼智信	中国人自古以来奉行的和平理念与诚信精神，根源于孔孟原始儒学。这是理解中国传统文化的根基	理解	理解中国人诚实守信、爱好和平的文化精神，同时也传承了孟子"舍生取义"的价值观念
2	道家思想：以无为本，超越现实	老子的"道"具有化繁为简、直达本体的宏观哲学智慧，庄子的生命哲学超越现实的琐碎，追求精神的自由	理解	了解中国文化中的智慧与自由
3	法家思想：依法治国	中国人自古以来就有依法治国的文化根基	理解	了解中国文化中的法治精神
4	荀子：隆礼重法，人定胜天	中国人自古以来就有礼乐文化，更有积极向上的乐观精神	理解	了解中国文化中积极向上的乐观精神
5	董仲舒：汉代儒教文明的形成	中国文化早在汉代就开始影响东亚，儒教成为中国传统文化的代表	理解	了解儒教文明对东亚文化的影响
6	道教：中国的宗教信仰	道教是中国人自己创造的唯一的本土宗教，多神教信仰及追求长生的宗教追求	理解	了解作为中国信仰文化根基的道教
7	禅宗：中国化的佛教	中国人将源自印度的佛教与中国文化相融合，发展出中国化的禅宗，主张顿悟	理解	了解中国文化中的顿悟与直击本体
8	大唐文明：三教合一	中国人用三教合一的文化精神，创造了大唐盛世文化	理解	了解领先于世界的中世纪中国文明与文化

续表

序号	知识单元 描述	知识点 描述	要求	课程思政的教学知识点
9	宋明理学：礼教文明与近代启蒙运动	朱熹：四书集注与祠堂，中国近代以前的宗教性礼教	理解	了解朱子学对朝鲜半岛的文明与文化影响
10	清代考据学	由宋学到汉学：中国思想经历了一个思想上的循环	理解	了解中国文化对实践的重视
11	近现代哲学：马克思主义的传入	对礼教体制的批判与抛弃，对马克思主义的接受与信仰	理解	了解马克思主义对中国现代文化的意义

六、课程思政教学设计

（一）整体思路与教学方法

中国哲学课是为汉语学院文化专业及其他专业四年级学生开设的一门专业选修课。对于本科留学生而言，在经历了三年的语言专业训练之后，中国哲学课为即将完成在华留学的他们提供了一个全面、深入了解和理解中国传统文化的机会。与西方哲学注重抽象的逻辑推理不同，中国哲学是中国的历史、文化、现实和思维的依据，是中国传统文化的生命之根。通过中国哲学，向留学生揭示了中国传统文化中许多看似平常的东西，其实都有它的文化之根。比如"孝"这个存在于中、日、韩、越南等东亚儒教文化圈国家和地区的传统，就是现实的、也是观念的、还是历史的，同时也是与现代的社会发展产生冲突与矛盾纠葛的，东亚国家的留学生都很熟悉它，却又似是而非。通过在哲学课上追根溯源，了解和探讨孔子的"孝"思想及其在中国哲学发展过程中的变异，让留学生感到惊奇，在了解自身现实生活中困惑来源的同时，也对中国传统文化与哲学有了深刻的理解与兴趣。

典型教学方法主要有：

（1）注重活学活用，将看似抽象的哲学与生动的现实结合起来。比如将东亚文化基因中的孝道在中、日、韩三国不同的现代思想呈现进行比较，可以引起留学生浓厚的了解中国传统文化的兴趣。

（2）东西文化的现实比较。可以利用对外汉语教学课堂独特的多文化资源，引导留学生进行东西文化比较，加深留学对中国传统文化及其价值的认识和理解。

（3）分小组讨论。每一个思想流派讲解完之后，都可以让留学生分小组进行讨论并发表自己的看法，将中国传统文化逐渐由外而内渗透到留学生的心中。

（二）课程设计展望

（1）由被动学习到主动参与。留学生往往因汉语水平甚至文化隔阂，在该课程学习之初呈现出被动学习的特点，但在经过课堂教学的生动引导之后，会走向主动要求了解中国文化的转变。

（2）学习小组的作用。留学生自愿组合成为讨论小组，在每一个学习单元之后进行小组讨论，有效地提高了留学生对中国文化的理解与兴趣。

七、作业、考核方式和成绩评定

本课程要求学生按时上课，积极参与课堂提问和小组讨论，认真完成讨论后的发表和讨论课作业。课程通过考勤、平时作业成绩、讨论题作业成绩和期末考试等进行综合评价，课程成绩包括：考勤（含课堂讨论）占20%，相关章节平时作业占10%，期末考试（笔试）占70%。

第八章 "中国民俗"课程思政指南

一、课程信息

课程学分：2
面向专业：国际中文教育、汉语言
课程性质：专业选修课
使用教材：舒燕，《中国民俗》，北京语言大学出版社，2002年版
辅助教材：钟敬文，《民俗学概论》（第二版），高等教育出版社，2010年版
先修课程：中国文化基础（本科二年级选修课）
并修课程：无
后续课程：无

二、课程简介

中国民俗课是为北京语言大学汉语学院四年级本科留学生开设的以中国人的生活习俗为主要内容的专业选修课。本课程具有知识性、系统性、实用性、趣味性，旨在使学生从整体上了解中国人的生活文化与风俗习惯；丰富文化知识，拓宽文化视野；加深学生对中国文化多元一体格局的认知与理解，提高跨文化理解能力和中文表达能力。

本课程采取讲授与讨论结合、中外文化对比、课堂教学与课外实践相结合等多种教学方式。教学中运用文本、图片、音频和视频等多种方法，以生动直观的形式加深学生对中外民俗文化的共性与差异性的认知和理解，进而增进人类文明互鉴与中外优秀文化传承的责任意识。

三、选课建议

建议国际中文教育专业和汉语言专业本科生在四年级选修此课。选课学生应具备中高级汉语水平（HSK5级以上）。

四、课程任务和教学目标

（一）课程任务

通过丰富多样的教学活动，对学生进行文化价值塑造、知识传授和跨文化能力培养。

（二）思政目标

提高学生文化素养。培养学生具有健康向上、积极乐观、诚实守信、宽容善良的文化品格，海纳百川的文化胸怀以及构建人类命运共同体的自觉意识。

（三）教学目标

（1）知识目标：拓宽学生文化视野，增进对中华优秀文化以及世界不同民族文化的认知与理解。

（2）能力目标：提高学生自主学习能力、跨文化能力以及中文理解与表达能力。

五、课程基本内容及要求

知识单元		知识点		课程思政的教学知识点
序号	描述	描述	要求	
1	民俗概说	民俗的定义与分类；中国民俗的基本特征（2课时）	掌握	树立多元文化观以及不同文化之间应相互尊重、平等相待、相互学习、共同发展的文化理念
2	饮食民俗	中国饮食文化的特点；日常饮食与节日饮食习俗；待客方式、地方菜系与汉族饮茶习俗；中国少数民族饮茶、饮酒习俗；饮食禁忌与中外饮食文化交流（4课时）	理解	培养积极乐观、健康向上的生活态度；树立珍惜粮食、保护环境的责任意识；理解人类文明互鉴的重要意义
3	服饰民俗	服饰的概念与构成要素（古今对比、中外对比）；中国服饰习俗的形成与发展概述；中国少数民族服饰的特点；"五色"的含义以及服饰图案的象征意义（4课时）	理解	培养开放、包容的文化态度；树立文明共鉴观与平等观
4	居住民俗	中国传统民居类型；北京四合院的特点；少数民族传统民居以及中国民居建筑所体现的价值观念与文化情感；民居建筑与文化遗产的关系（4课时）	理解	培养生态环境保护意识；树立人与自然和谐相处的理念；培养重家庭、爱家乡的质朴情感
5	商贸民俗	集市与庙会；中国民间商贸礼仪；字号与招牌的文化含义（2课时）	理解	树立诚信为本理念；培养敬业精神与社会责任感

续表

知识单元		知识点		课程思政的教学知识点
序号	描述	描述	要求	
6	社交礼俗	称谓与打招呼习俗;拜访与迎送习俗等(2课时)	掌握	掌握礼貌原则和汉语中常用的委婉表达方式;了解中外社交礼俗的异同点;树立尊老爱幼观念,提高中文表达的得体性与跨文化沟通能力
7	婚姻习俗	"婚姻"在汉语中的含义;中国人的婚姻观念与婚礼习俗变迁(4课时)	理解	引导学生鉴别婚姻习俗中的良俗和陋俗,树立正确的婚姻观和男女平等观
8	岁时节日民俗	二十四节气的由来与内涵;春节、元宵节、清明节、端午节、七夕节、中秋节、重阳节等主要节日活动与神话传说故事;相关民俗词语的文化含义,如春联、年画、除夕、守岁、拜年、舞狮、舞龙;灯节、谜语;扫墓、踏青;赛龙舟等(6课时)	理解	树立"各美其美,美人之美,美美与共,天下大同"的文化观念;培养尊重自然、热爱生命、健康向上的生活态度
9	民间信仰习俗	中国民间信仰与民俗文化的关系;中国民间信仰中的自然观与善恶观;中国民间信仰的特点与中国文化的融合性、多样性(2课时)	理解	树立人类文明共鉴与多元文化融合观;塑造质朴、善良、正直、诚实、友善、助人的文化品格
10	语言民俗	汉语成语、俗语、谚语、谜语和歇后语的特点;口彩与谐音的关系;中国神话、传说、故事、歌谣的特点与文化意义(4课时)	掌握	引导学生树立正确的人生观和价值观;培养集体主义精神与勇于担当、乐于奉献、诚朴友善、宽厚包容的文化品质

六、课程思政教学设计

(一)整体思路与教学方法

(1)以润物细无声的方式,将中国民俗文化的基本精神和价值观念贯穿到课程内容和教学设计之中。

（2）综合运用讲授与讨论结合、语言与文化融通、中外文化对比、文本与图像结合等教学方法。

（3）课程目标：培养21世纪有理想、有道德、有视野、有情怀、知华友华的国际化中文人才。

（二）课程设计展望

（1）传统与现代结合。

（2）语言与文化融合。

（3）多元文化互动交流。

七、作业、考试方式和成绩评定

（一）作业

作业包括练习和课堂报告两部分。其中练习分客观题和主观题两大类。客观题有填空、选择、判断、连线等多种题型，主观题以回答问题、发表看法为主。课堂报告要求每个学生依据课程大纲自主选择一个题目在课堂上发表，时间为5~7分钟，PPT 9~12张。之后有简短的生生互动与教师点评。

在客观条件允许的情况下，可组织学生进行参观访问活动，并以小组为单位撰写活动报告。

（二）考试方式

期末考试采取开卷形式。要求学生在规定的时间内提交与课程内容相关的小论文，要求观点明确，层次清晰，语句通顺，800~1200字。

（三）成绩评定

采用过程性评价，包括平时成绩、期中成绩和期末成绩三部分。

考核环节	分值	考核/评价细则
平时成绩	30	考勤占10分，作业占10分，课堂报告占10分
期中成绩（随堂测验）	20	以考核学生对课程目标（中期阶段）的达成为主要目的，检查学生对教学内容的掌握程度，并做出适当调整
期末考试	50	采取开卷形式，提交与课程内容相关的小论文
总计	100	

第九章 "中国国情"课程思政指南

一、课程信息

课程学分：2
面向专业：所有专业
课程性质：学科基础选修课
使用教材：肖立，《中国概况教程》，北京大学出版社，2009年版
辅助教材：无
先修课程：新闻语言基础
并修课程：无
后续课程：无

二、课程简介

中国国情课程主要介绍中国国情的基本构成、发展脉络和研究方法，并通过理论与案例结合的方法介绍中国的发展条件、政治制度、经济发展和社会生活各个方面，使学生获得关于当代中国发展的基本知识，为学生从更多角度探索中国现状和发展提供良好基础。

三、选课建议

该课程要求学生已达到中级以上汉语阅读和表达水平，建议本科三年级及以上学生选修。

四、课程任务和教学目标

（一）思政目标

深入挖掘中国国情课程中包含的思政教育元素，在教学过程中结合专业知识和国家发展典型案例，引导学生掌握中国国情基本知识，从历史、制度、现实各个角度深入了解中国的发展道路和方向，在具备充足基础知识的前提下，投入更加专业化的学习和工作，在未来的外交、媒体、商业活动中取得更大成就。

（二）教学目标

该课程是面向所有专业开放的通识型课程。国情尤其是偏向于当代中国内容介绍普及

的部分，是留学生正确理解中国社会和中国道路的良好途径。通过学习本课程，学生能够：①全面熟悉中国发展条件，特别是作为发展背景的地理、历史、人口和民族条件；②深刻理解中国历史和现实对政治制度建设的影响；③全面掌握中国经济发展转型脉络，各产业不同的发展路径；④了解中国社会发展中关键方面即教育、民生、环保成就和尚需努力的方向。

五、课程基本内容及要求

中国国情课程思政教学遵从顶层设计思想，构建中国国情课程思政教学大纲，将课程知识点与课程思政元素一一对应、有机融合。

知识单元

教学内容	详细内容与要求	教学方法
1.《中国的国土和资源》	（1）教学内容：熟悉中国地理状况； （2）思政要点：全面介绍中国国土与资源的优势和不足； （3）教学难点：中国版图、地理名词； （4）教学要求：全面掌握课文内容，完成练习	教师讲授、视频学习、提问、课后自学、文献查阅
2.《历史》	（1）教学内容：依照时间顺序介绍代表性时代和事件； （2）思政要点：全面了解中国古代历史发展脉络； （3）教学难点：中国版图、古代文化名词； （4）教学要求：全面掌握课文内容，完成练习	教师讲授、视频学习、提问、课后自学、文献查阅
3.《中国人口》	（1）教学内容：了解中国古代至当代人口演变； （2）思政要点：人口演变与自然条件和社会发展的关系； （3）教学难点：古代文化名词、人口相关术语； （4）教学要求：全面掌握课文内容，完成练习	教师讲授、观摩视频和图表、提问、讨论
4.《民族》	（1）教学内容：了解中国民族融合和多民族国家的现状； （2）思政要点：民族发展与自然条件和社会发展的关系； （3）教学难点：中国版图、少数民族相关术语； （4）教学要求：全面掌握课文内容，完成练习	教师讲授、观摩视频和图表、提问、讨论
5.《中国的政治制度》	（1）教学内容：了解中国现行政治制度概况； （2）思政要点：政治制度在社会生活中的运行和体现； （3）教学难点：国体、政体、国家结构形式； （4）教学要求：全面掌握课文内容，完成练习	教师讲授、观摩视频和图表、提问、讨论
6.《政党制度》	（1）教学内容：了解中国现行政党制度概况； （2）思政要点：中国共产党； （3）教学难点：党史和政党管理； （4）教学要求：全面掌握课文内容，完成练习	教师讲授、观摩视频和图表、提问、讨论

续表

教学内容	详细内容与要求	教学方法
7.《国家主席和政府制度》	（1）教学内容：了解中国国家主席和政府制度； （2）思政要点：国家主席和中央人民政府的产生和运行； （3）教学难点：国家主席和中央人民政府； （4）教学要求：全面掌握课文内容，完成练习	教师讲授、观摩视频和图表、提问、讨论和中外对比
8.《国防事业》	（1）教学内容：了解中国国防力量和体系； （2）思政要点：军史、军制； （3）教学难点：中国人民解放军； （4）教学要求：全面掌握课文内容，完成练习	教师讲授、观摩视频和图表、提问、讨论和中外对比
9.《中国外交》	（1）教学内容：了解中国政府外交政策和实践； （2）思政要点：1949年、1978年以来外交政策和实践； （3）教学难点：关键政策、重大事件、人物关系； （4）教学要求：全面掌握课文内容，完成练习	教师讲授、视频学习、提问、课后自学、文献查阅
10.《中国经济概论》	（1）教学内容：了解计划经济到社会主义市场经济的转变； （2）思政要点：计划经济体系、改革开放； （3）教学难点：关键政策、重大事件及其影响； （4）教学要求：全面掌握课文内容，完成练习	教师讲授、观摩视频和图表、提问、讨论和中外对比
11.《中国农业发展》	（1）教学内容：中国农业、农村、农民问题； （2）思政要点：三农问题的历史和现状； （3）教学难点：关键政策和数据、重大事件和中外对比； （4）教学要求：全面掌握课文内容，完成练习	教师讲授、观摩视频和图表、提问、讨论
12.《中国工业发展》	（1）教学内容：了解中国经济的支柱性部分； （2）思政要点：独特的发展道路，与其他国家的对比； （3）教学难点：工业发展的策略、水平，有待提高的方向； （4）教学要求：全面掌握课文内容，完成练习	教师讲授、视频学习、提问、课后自学、文献查阅
13.《第三产业的发展》	（1）教学内容：了解中国第三产业在国民经济中的地位； （2）思政要点：第三产业的发展历程和影响； （3）教学难点：中国第三产业的优势和不足； （4）教学要求：全面掌握课文内容，完成练习	教师讲授、观摩视频和图表、提问、讨论
14.《金融和保险业》	（1）教学内容：了解金融和保险业发展历程； （2）思政要点：金融和保险业的优势和不足，中外对比； （3）教学难点：金融和保险业现状和影响； （4）教学要求：全面掌握课文内容，完成练习	教师讲授、观摩视频和图表、提问、讨论

续表

教学内容	详细内容与要求	教学方法
15.《中国的环境保护》	(1) 教学内容：了解中国环境保护现状； (2) 思政要点：政府和民间力量合作保护环境的努力； (3) 教学难点：保护与发展兼顾的国策； (4) 教学要求：全面掌握课文内容，完成练习	教师讲授、观摩视频和图表、提问、讨论
16.《人民生活》	(1) 教学内容：了解人民生活的现状和衡量体系； (2) 思政要点：就业、工资、医疗、养老制度； (3) 教学难点：人民生活现状； (4) 教学要求：全面掌握课文内容，完成练习	教师讲授、观摩视频和图表、提问、讨论
17.《教育》	(1) 教学内容：了解中国教育制度； (2) 思政要点：介绍中国教育制度的历史和传统； (3) 教学难点：各年龄层次教育制度的现状； (4) 教学要求：全面掌握课文内容，完成练习	教师讲授、观摩视频和图表、提问、讨论
18.《中国的科技发展》	(1) 教学内容：了解中国科学技术现状和管理体系； (2) 思政要点：中国科学技术代表性成就； (3) 教学难点：中国科学技术发展规划和管理体系； (4) 教学要求：全面掌握课文内容，完成练习	教师讲授、观摩视频和图表、提问、讨论
19.《文化事业发展》	(1) 教学内容：了解中国文化事业发展现状和管理体系； (2) 思政要点：中国文化事业发展代表性成就； (3) 教学难点：中国文化事业发展规划和管理体系； (4) 教学要求：全面掌握课文内容，完成练习	教师讲授、观摩视频和图表、提问、讨论
20.《新闻和媒体事业发展》	(1) 教学内容：了解新闻和媒体事业发展现状和管理体系； (2) 思政要点：新闻和媒体事业发展代表性成就； (3) 教学难点：新闻和媒体事业发展规划和管理体系； (4) 教学要求：全面掌握课文内容，完成练习	教师讲授、观摩视频和图表、提问、讨论

六、课程思政教学设计

（一）整体思路与教学方法

中国国情课程内容多、知识点细，若学生缺乏国情基础知识和必要的实践，则会远离实践、死记硬背。单纯以知识点讲解为课程目标的课程设计会让学生感到这门课要背的东西太多、太枯燥，以至于兴趣也大大减少。实际上，中国国情与日常生活息息相关，我们每天都在接触中国国情术语。针对学生的学习困难，课程教学团队经过讨论，提出了"思政引领、问题导向、专业融合"的中国国情教学理念，将思政、问题和专业有机结合，提升教学的生动性、真实性，拉近理论讲解和实践应用的距离。

典型教学方法包括：

（1）时空融合，即线上线下相结合，优势互补，让学生深刻体会科技发展带来的学习方式变化。从"易班网络课程资源建设"到"课程网站"建设、"智慧树平台课程资源建设"，再到"学习通课程资源建设"，以信息技术的发展使线上教学成为可能。这种学习方式的变革与线下教学有效结合，既满足了部分学生对学习时间的特殊需求，也很好地规避了特殊情况对正常教学秩序的干扰。

（2）知行结合，让学生和文化、政治、企业、社会的问题驱动课堂，强化课程思政的价值引领作用。授课、讨论、讲座、参观等教学活动都是让学生带着问题学习，教师提前准备的问题隐含有内容、有高度、有深度的课程思政元素，实现在专业课程学习中塑造核心价值观的目标。

（3）学习小组推动学习进程，让课前、课堂和课后各环节的学习任务点得以落实。成立3~5人的学习小组，实行轮值组长制。组长负责督促和组织小组成员按时完成学习任务，汇报小组学习进程并交流学习心得。

（二）课程设计展望

（1）自主学习走向深度学习。在自主学习过程中，学生会不同程度地表现出在认识专业、认识自我、认知社会等问题上的无助、迷茫和不成熟，仍然需要教师对其科学世界观、核心价值观、正确方法论进行引导和塑造，系统梳理专业知识，正确应用专业知识，并将学习引入深度，形成师生学习共同体。

（2）学习小组同学之间频繁地交流学习。学生自愿组合学习小组，小组讨论可以采用线上或线下两种方式，根据教学安排，课前、课后均要组织小组讨论，每次小组讨论都有明确的主题和任务，组长负责组织。有了学习小组，许多学习上的问题可以在小组讨论中解决，学生会更关注社会问题、更深入地思考。课堂进行优质讲授，解决疑难复杂问题。

（3）学生主动参与教学过程各环节。"自主学习"走向"深度学习"的教学分为"问题情境（一个具体专业问题）→思维激发（自学+小组讨论分享）→问题分析（形式多样的课堂教学活动）→问题解决（优质讲授+查阅资料+提交小组报告）→反思（对问题的深入思考）→评价（课前、课中、课后每环节的考核）"的学习过程。整个过程都需要学生投入才能逐步推进，否则无法达到预期效果。

七、作业、考核方式和成绩评定

本课程要求学生按时到课，积极参加课堂提问讨论，并认真完成相关章节课外习题作业和讨论题作业。课程通过考勤、平时作业成绩、讨论题作业成绩和考试等进行综合评价，课程成绩包括：考勤和平时表现占30%，考试（笔试）占70%。

八、教案示例

第九课　中国的外交

"A country does not have permanent friends, only permanent interests." (Lord Palmerston, 1784—1865)

第一节　中国的外交政策

（一）和平共处五项原则

新中国建立以后，独立自主成为中华人民共和国对外政策的基本立场。

1955年，第一次亚非会议在印度尼西亚举行。当时的中国政府，将中国的对外政策总结和概括为"和平共处五项原则"，即互相尊重主权和领土完整，互不侵犯，互不干涉内政，平等互利，和平共处。中国将以此为标准，开展国际交往，处理国际问题。

【练习】

"和平共处五项原则"部分：

中国的对外政策是哪个时期确定的：（　　）

A. 1921年前后，也就是中国共产党成立时期

B. 20世纪四五十年代，也就是建国初期

C. 20世纪80年代，也就是改革开放初期

D. 21世纪之后，也就是最近二十年

（二）改革开放以后的丰富和发展

1979年以后，随着中国的改革开放，中国独立自主的和平外交政策有了新的发展。

中国不再以社会制度和意识形态的异同决定国家关系，国家不分大小、强弱、意识形态的异同，应当一律平等、互相尊重、友好合作。

【练习】

"改革开放以后的丰富和发展"部分：

1979年之后，随着改革开放，"中国不再以社会制度和意识形态的异同决定国家关系"。这个转变可能带来的结果是：（　　）

A. 中国不仅和大国建立外交关系，也和小国家建交

B. 中国不仅和社会主义国家建交，也和非社会主义国家建交

C. 中国不再过分追求稳定的外交关系，有矛盾的时候可能断绝外交关系

D. 中国不再把外交工作当作秘密，用更加公开的方式让国内外了解自己

（三）同外国建交的原则

中华人民共和国成立的时候，也就是1949年10月1日，中国政府就庄严宣告："本政府为代表中华人民共和国全国人民的唯一合法政府。凡愿遵守平等、互利及互相尊重领土主权等项原则的任何外国政府，本政府均愿与之建立外交关系。"

世界上只有一个中国，台湾地区是中华人民共和国不可分割的领土。凡与中国建交的国家，要表明与台湾当局断绝一切外交关系，承认中华人民共和国政府是中国的唯一合法政府。

按照上述原则，到2006年8月，中国已经和世界上169个国家建立了外交关系。

【练习】

"同外国建交的原则"：

1. 中国和其他国家建交的原则里，提到的地方是：（　　）

A. 新疆　　　B. 西藏　　　C. 台湾　　　D. 以上全部

2. 如果一个国家和台湾建立了外交关系，那么我们不会在北京看到这个国家的什么：（　　）

A. 这个国家的足球队　　　B. 这个国家的大使馆
C. 这个国家的公司　　　　D. 这个国家的留学生

第二节　外交历程与成就

新中国的外交历程可以分为三个阶段，从建国到50年代末为第一个阶段，六七十年代为第二个阶段，从70年代末改革开放到目前为第三个阶段。

（一）从建国到50年代末

在这个阶段，中国外交的主要任务是结束旧中国的不平等外交，创建新中国独立自主的和平外交。

1949年10月1日，新中国成立后，首先同当时的社会主义国家迅速建交。苏联是第一个承认新中国并互派大使的国家。随后，保加利亚、罗马尼亚、匈牙利、朝鲜民主主义人民共和国、捷克斯洛伐克、波兰、蒙古、阿尔巴尼亚和越南民主共和国也相继承认新中国并互派大使。德意志民主共和国（东德）于1949年10月成立，中国与民主德国迅速建立了外交关系。中国同南斯拉夫于1955年1月正式建交。

新中国同民族主义国家和资本主义国家，原则上是先谈判后建交，到50年代末，中国已经同33个国家建立了正式外交关系。

（二）60年代到70年代

在这段时间内，中国同周边国家建立和发展了友好关系，解决了一些历史遗留问题，特别是边界问题和华侨问题。

关于边界问题，中国主张把历史与现实结合起来，既考虑历史背景，又照顾已经形成的现实情况，并于最终解决前维持现状，不使用武力改变现状。

关于华侨问题，中国的基本主张是：希望华侨自愿选择所在国国籍，取得所在国公民资格，完全忠于所在国，他们同中国的关系，只是亲戚关系；如果他们选择中国国籍，就应当尊重所在国法律，不参加当地的政治活动，但他们的正当权益应该受到尊重和保护。

从上述基本原则出发，中国在 60 年代分别与缅甸、尼泊尔、蒙古、巴基斯坦、阿富汗五个国家圆满地解决了边界问题，并与印度尼西亚基本解决了印尼华侨双重国籍问题。

对于 60 年代初期中国和印度之间发生的边界冲突，中国努力把冲突控制在一定限度，并使它很快平息下来。

在这段时间内，中国与西欧、日本的关系有了发展。1964 年，法国与中国建立了外交关系。中国和日本在 1972 年建交。

1972 年 2 月，美国总统访问中国，中美结束了 22 年的对立局面。双方声明："中美两国关系走向正常化是符合所有国家的利益的。"

新中国成立后，中国和苏联之间一度保持密切的关系。50 年代末开始，双方出现分歧，两国边境也发生了多起冲突事件。1969 年以后，两国关系有所缓和。

70 年代，中国与外国建交出现了新高潮。基本上完成了与欧洲国家的建交过程。在此期间，还与 29 个非洲国家及一批美洲、大洋洲国家建立了外交关系。

1971 年 10 月，第 26 届联合国大会通过决议，恢复了中华人民共和国在联合国的一切合法权利。

（三）1979 年以后

从改革开放到目前，是中华人民共和国成立以来外交工作最为活跃的时期。

80 年代，中国在外交思想、外交政策方面逐步地进行了调整。

首先是关于战争与和平的问题。中国认为，世界范围内的和平因素超过了战争因素的增长，在比较长的时间内不发生大规模的世界战争是有可能的，维护世界和平是有希望的。

其次，中国认为，和平与发展是当今世界的两大主题，中国根据这种国际形势和客观要求，制定了后来使中国经济高速发展的改革开放政策，同时，积极参与经济全球化。

在交往、交流的历程中，中国和以下各种国家的关系得到极大的恢复、改善和发展：

首先，和发展中国家的关系更加密切。

实行改革开放政策以后，中国改善了和周围国家的关系。同印度尼西亚恢复外交关系并建立战略伙伴关系，同新加坡、文莱建交，同韩国建交并建立全面合作伙伴关系，同越南、蒙古实现关系正常化。苏联解体后，它原来的一些加盟共和国宣布独立，中国尊重它们的选择，宣布承认哈萨克斯坦、吉尔吉斯斯坦、塔吉克斯坦、乌兹别克斯坦、土库曼斯坦、格鲁吉亚、阿塞拜疆和亚美尼亚等国，并同它们建立外交关系。中国与老挝、越南、印度签署协议，缓和了边境局势。对于中国与日本之间的钓鱼岛问题和中国与东南亚一些国家之间的南沙群岛问题，中国从维护周边稳定的大局出发，在坚持主权的前提下，提出了"搁置争议、联合开发"的主张，得到了有关国家的赞同。

1996 年，中国成为东南亚国家联盟全面对话伙伴。2004 年，中国和东盟签署了自由贸易协定，双方宣布，从 2005 年至 2010 年五年间逐步取消大部分双边贸易关税，建立"中国—东盟自由贸易区"。这个自由贸易区建成以后，将惠及 17 亿消费者。

中国同亚洲国家的经贸合作迅速扩大。中国高速发展的经济为周围国家提供了难得的机遇。中国持续保持亚洲最大进口市场的地位，为本地区经济的增长发挥了巨大的推动作用。

中国同西亚北非地区国家关系得到全面、稳定的发展。中国对中东问题采取公正和均衡的政策，全面发展同各类国家的关系，先后同卡塔尔、巴林、沙特阿拉伯和以色列建立外交关系。

中国同撒哈拉以南非洲国家的关系得到进一步巩固和加强。该地区共有 46 个国家，其中的 41 个已经和中国建交。从 2005 年开始，对非洲 25 个最不发达国家出口中国的部分商品，中国实行免关税待遇，帮助这些国家尽快摆脱贫困。中国加强了在非洲国家农业、基础设施建设、电信、能源这些领域的投资与合作。中国帮助非洲国家培养更多管理人才。中国向刚果（金）、利比里亚和苏丹派出近千人的联合国维持和平部队，并提供大量的捐款和援助物资。

80 年代以来，中国同拉丁美洲和加勒比地区国家的关系得到迅速发展。2005 年，中国和智利签署自由贸易协定，智利成为第一个和中国签署自由贸易协定的拉美国家。截至 2005 年年底，已经有 15 个拉美和加勒比国家承认中国的市场经济地位。

其次，中国和发达国家的关系得到逐步改善。

中国和美国分别是世界上最大的发展中国家和发达国家，中美关系是当今世界最重要的国家关系之一。中美建交以来，两国关系历经波折和起伏，但总的趋势是向前发展的。作为联合国安理会常任理事国，中美两国对维护世界和平与稳定负有重大责任。

中美贸易额由 1979 年建交时的 24 亿美元迅速上升到 2005 年的 2116 亿美元，增长了 80 多倍。与此同时，中美关系也面临问题与挑战，台湾问题始终是中美关系中最重要、最敏感的核心问题。台湾问题关系到中国的主权和领土完整，美国政府多次重申，美方坚持一个中国政策，理解中方在台湾问题上的关切。

中俄关系逐渐恢复。1989 年双方实现关系正常化。1991 年，苏联解体，中国政府宣布承认俄罗斯联邦政府，并与之建立外交关系。中俄之间，交通便利，互补性强，发展经贸合作具有广阔的前景。2005 年双边贸易额为 291 亿美元，俄罗斯成为中国第八大贸易伙伴。

目前，经过扩大的欧盟已成为中国最大的贸易伙伴。

日本是中国的重要邻国，两国邦交正常化以来，中国政府十分重视发展中日关系。中国经济的高速发展为日本企业带来发展机遇。2004年以后，中国超过美国，成为日本最大的出口市场，并且两国经贸合作始终保持较高的增长速度。2005年，双边贸易额达到1844.4亿美元，比上一年增长9.9%，日本继续保持顺差。两国民间交往活跃，双方已经缔结友好城市228对。

近三十年来，中国同加拿大、澳大利亚、新西兰等国的关系也取得了令人满意的发展。

最后，中国倡导的多边外交出现新局面。

传统上，双边外交是中国处理外交事务的主要手段。随着综合国力的提升和对外关系的全面开展，从上世纪90年代中期开始，中国在多边外交的舞台上不断取得成果。

【练习】

"外交历程与成就"部分：

1. 最早和中国建交的是：（　　）

A. 苏联　　B. 民主德国（东德）　　C. 法国　　D. 日本

2. 以下是非常重要的外交事件，其中时间顺序正确的是：（　　）

A. 中美关系正常化，中法建交，中苏关系恶化，中日建交

B. 中法建交，中美关系正常化，中日建交，中苏关系恶化

C. 中苏关系恶化，中法建交，中美关系正常化，中日建交

D. 中日建交，中苏关系恶化，中法建交，中美关系正常化

3. 2000年以后，中国和东南亚国家的主要外交成果体现在：（　　）

A. 解决华人华侨问题，华人华侨的生活工作条件进一步改善

B. 中国成为东盟全面对话伙伴国

C. 用五年左右时间，建立"中国—东盟自由贸易区"

D. 17亿中国和东盟公民可以免签证自由往来

第三节　中国与联合国

（一）联合国的创立和机构

1945年10月24日，在中国和苏联、美国、英国、法国五个世界反法西斯战争战胜国的倡导下，联合国正式成立。经过六十年的发展，到2006年8月，联合国共有会员国192个，还有2个常驻联合国观察员国：梵蒂冈和巴勒斯坦。联合国发展成为全世界最大的主权国家组成的政府间组织。

联合国使用底色为浅蓝色的长方形旗帜，正中的图案是一个白色的联合国徽记。联合国总部设在美国纽约。

联合国设有秘书处，是联合国的行政机构，设秘书长一人，作为联合国的行政首长。联合国大会由全体会员国组成，是联合国的主要审议机构，每年举行一次。大会主席由全

体会员国选举产生，任期一年。

联合国唯一有权采取行动以维护国际和平与安全的机构是安全理事会，简称安理会。安理会由中国、俄罗斯、美国、英国、法国五个常任理事国和十个非常任理事国组成。由于中国、俄罗斯、美国、英国、法国的特殊地位和作用，这五个国家在安理会内享有对提案的否决权。由安理会通过的决议对联合国全体成员国具有约束力。

（二）中国和联合国的关系

中国认为，六十多年来，联合国在维护国际和平，制止侵略行为，促进国际合作等方面做出了不懈的努力，成为全世界促进和平与发展的最为重要的国际组织。

90年代以来，中国积极参与了在柬埔寨、东帝汶、海地、刚果（金）、黎巴嫩等国的联合国维和行动。中国向各个维和区派出了2000余人次的军事观察员和工程、医疗部队，足迹几乎遍及所有的热点地区。

作为联合国成员国和安理会常任理事国，中国愿意为联合国的改革与发展做出更大贡献。

【练习】

"中国与联合国"部分：

1. 在联合国这个大家庭中，谁可以决定要不要采取维护国际和平与安全的行动（而不仅仅是讨论或者批评）：（　　）

　A. 由全体（192个）会员国组成的"联合国大会"

　B. 联合国的行政机构"联合国秘书处"

　C. 中、美、英、法、俄五个国家当中的任何一个

　D. 联合国安全理事会（安理会）

2. 中、美、英、法、俄五个常任理事国享有的最重要的权力是：（　　）

　A. 发言权　　B. 投票权　　C. 否决权　　D. 审议权

第四节　政府外交机构

（一）外交部

中华人民共和国外交部是中国政府的最高外交代表机构。

（二）地方外事部门

全国各省、自治区、直辖市设有外事办公室，负责办理本地区的涉外事务，业务上受外交部领导。

外交部还在各特别行政区设立特派员公署，它是处理由中央政府负责管理的与该特别行政区有关的外交事务机构，也是该特别行政区政府就此类外交事务与中央政府联系的渠道。